实用日语会话

马曙光 / 编著

苏州大学出版社
Soochow University Press

图书在版编目（CIP）数据

实用日语会话 / 马曙光编著. -- 苏州：苏州大学出版社, 2024. 7. -- ISBN 978-7-5672-4860-1

Ⅰ. H369.9

中国国家版本馆 CIP 数据核字第 2024FB5441 号

书　　　名：	实用日语会话
编　　著：	马曙光
责任编辑：	金莉莉
装帧设计：	刘　俊

出版发行：苏州大学出版社（Soochow University Press）
社　　址：苏州市十梓街 1 号　邮编：215006
印　　装：镇江文苑制版印刷有限责任公司
网　　址：http://www.sudapress.com
邮购热线：0512-67480030
销售热线：0512-67481020

开　　本：787 mm×1 092 mm　1/16　印张：13.25　字数：280 千
版　　次：2024 年 7 月第 1 版
印　　次：2024 年 7 月第 1 次印刷
书　　号：ISBN 978-7-5672-4860-1
定　　价：48.00 元

若发现印装错误，请与本社联系调换。
服务热线：0512-67481020
苏州大学出版社邮箱：sdcbs@suda.edu.cn

前 言

众所周知，语言是人们用来进行交流的重要工具，而会话能力是人们交流的重要的语言能力，日语同样如此。日语学习的最大难点之一就是日语会话。不少日语学习者都有这样的体会，花费不少时间学习日语，却仍难以开口对话，尤其是难以用贴近实际的日语口语进行对话。鉴于此，笔者结合长期在日本留学的经历和体会，编著了较贴近日本实际的《实用日语会话》一书。

本书一共有28个话题，话题如下：出国之前；从上海浦东国际机场到日本中部国际机场；从日本中部国际机场去往名古屋大学宿舍；等等。为了便于学生使用，每个话题均配有日语单词表（包括单词的读音、词性和中文释义），日语会话均配有中文译文，且配有"解说"（对会话中涉及的重要语法、惯用句型等进行解说，并附有例句）。本书适合赴日留学者、工作者及旅游者使用，也可作为大专院校及日语培训学校的日语会话教材。

单词词类的略语如下：

（名）　名词　　　　　　　　　（副）　副词
（五）　五段活用动词　　　　　（代）　代词
（サ）　サ行变格活用动词　　　（接尾）接尾词
（カ）　カ行变格活用动词　　　（连语）连语（词组）
（格助）格助词　　　　　　　　（人名）人的姓名
（自）　自动词　　　　　　　　（下一）下一段活用动词
（他）　他动词　　　　　　　　（上一）上一段活用动词
（接）　接续词　　　　　　　　（副ト）副词可以加「と」
（形动）形容动词　　　　　　　（终助）终助词
（助）　助词　　　　　　　　　（形）　形容词
（连体）连体词　　　　　　　　（副ニト）副词可以加「に」也可以加「と」
（造语）造词成分

在本书的编写过程中，上海外国语大学日本文化经济学院教授、博士生导师皮细庚先生给予了笔者指导和帮助，对本书进行了全面的审阅并提出了宝贵的修改意见；日本关西学院大学教师、苏州大学外国语学院日语系访问教师泽谷敏行博士对本书的日语部分进行了审阅和校对，也提出了宝贵的修改意见；苏州大学外国语学院日语系徐卫教授也给予了指导和协助；苏州大学出版社对于本书的出版给予了大力支持。在此，谨向以上各位致以衷心的感谢！

由于笔者水平有限，书中疏漏和错误之处在所难免，恳请各位专家和读者赐教。

马曙光

2024 年 1 月

目 次

一、出国する前にて（出国之前） …………………………………… 001

二、上海浦東国際空港から日本中部国際空港へ
　　（从上海浦东国际机场去往日本中部国际机场） ………………… 007

三、日本中部国際空港から名古屋大学宿舎へ
　　（从日本中部国际机场去往名古屋大学宿舍） …………………… 026

四、入国管理局で（在入国管理局） ………………………………… 038

五、区役所で（在区役所） …………………………………………… 045

六、買い物（购物） …………………………………………………… 049

七、学生証の受領（领取学生证） …………………………………… 064

八、地下鉄（地铁） …………………………………………………… 067

九、JR（Japan Railways） …………………………………………… 073

十、公共バス（巴士） ………………………………………………… 077

十一、新幹線（新干线） ……………………………………………… 080

十二、自転車（自行车） ……………………………………………… 084

十三、携帯電話の手続きをする（办理手机手续） ………………… 093

十四、銀行で手続きをする（在银行办理手续） …………………… 098

十五、電気の手続きをする（办理用电手续） ……………………… 102

十六、光ファイバー・ブロードバンドの手続きをする
　　　（办理光纤宽带手续） ………………………………………… 106

十七、ガスの手続きをする（办理煤气手续） ……………………… 112

十八、入学式とオリエンテーションに参加する
　　　（参加入学仪式和学前指导说明会） ………………………… 115

十九、授業選択について（关于选课） …… 120

二十、大学の学習と研究活動（大学学习和研究活动） …… 126

二十一、アパートの賃借り（租房） …… 144

二十二、ドライブ（驾车兜风） …… 149

二十三、アルバイト（打工） …… 157

二十四、飲食店で（在饮食店） …… 166

二十五、旅行（旅游） …… 172

二十六、求職（求职） …… 182

二十七、病院（医院） …… 189

二十八、帰国前の手続き（回国前的手续） …… 198

一、出国する前にて（出国之前）

単語（たんご）	中文释义
日本（にほん）（名）	日本
王偉（おうい）（人名）	王伟
紹介（しょうかい）（名・サ他）	介绍
インターネット（名）	互联网
分野（ぶんや）（名）	领域，范围
牽引（けんいん）（名・サ他）	牵引
丁度（ちょうど）（副）	正好，恰好；整整
出国（しゅっこく）（名・サ自）	出国
出国ブーム（しゅっこくブーム）（名）	出国热
自分（じぶん）（名）	自己
叶う（かなう）（五自）	（希望等）能达到，能实现
出国手続き（しゅっこくてつづき）（名）	出国手续
留学仲介会社（りゅうがくちゅうかいがいしゃ）（名）	留学中介公司
パスポート（名）	护照
ビザ（VISA）（名）	签证
一括（いっかつ）（名・サ他）	总括；汇总；一起
地元（じもと）（名）	当地，本地
大使館（たいしかん）（名）	大使馆
領事館（りょうじかん）（名）	领事馆
通る（とおる）（五自）	过，通过
入学許可（にゅうがくきょか）（名）	入学许可
向こう（むこう）（名）	对面；对方
申請（しんせい）（名・サ他）	申请
書類（しょるい）（名）	文件

単語（たんご）	中文释义
肝心（かんじん）（名・形动）	重要；要紧；关键
ずっと（副）	一直，长时间
有効期限（ゆうこうきげん）（名）	有効期限
近づく（ちかづく）（五自）	临近，靠近，接近
滞在期間（たいざいきかん）	逗留期间
身分（みぶん）（名）	身份
変更（へんこう）（名・サ他）	变更，改变
窓口（まどぐち）（名）	窗口
代理人（だいりにん）（名）	代理人
委任状（いにんじょう）（名）	委托书

会話（かいわ）

（田中さんが短期旅行のために日本から中国に来て、偶然、これから日本へ留学する王偉に会いました）

田中：王さんは、来週、日本に留学するって聞いたんですが、本当ですか。

王偉：本当です。

田中：日本に留学する機会ができて本当にいいですね。

王偉：ええ、子供の頃から、日本を紹介する本を読んだり、いろいろと情報をインターネットで調べたりしていた。日本は科学研究や経済などが非常に発達しています。色んな分野で世界を牽引しているとよく言われています。丁度、今も出国ブームだから、日本に留学して自分の夢を叶えるのはそう難しいことではないんじゃないかと。

田中：出国手続きは難しかっただろうか。

王偉：そんなに難しくはないんだよ。ずっと留学仲介会社に通っているので、それなりの知識はわかっているのよ。それに、パスポート、ビザなどの手続きは一括で留学仲介会社がしてくれている。今では、手続きなんかは自分自身でする必要がなくなっているんだ。

田中：それだったら簡単なものだね。

王偉：パスポートの手続きは割に簡単だけど、ビザはすこし時間が必要なんだ。地元管轄(かんかつ)している日本大使館や日本領事館で審査を受けなければならない。その審査がスムーズに通るために、予(あらかじ)め、留学先の学校の入学許可を取っておかないといけないんだ。一番最初に、向こうの学校側とちゃんと連絡をして留学を申請しなくちゃならない。また、ビザを申請する時、日本大使館や日本領事館に提出する書類もきちんとしたものでなければ、通らないかもしれない。だから、そこは肝心な部分なんだ。

田中：一回、ビザが下(お)りたら、ずっと帰国するまで使えるの？

王偉：そうとは限(かぎ)らないけど、実は、ビザには有効期限ってものがあるんだ。一旦期限が近づくと、入国管理局で滞在期間延長の手続きをしてもらわなければならない。ビザの滞在期間延長、滞在身分の変更などの手続きをしなければならないときに、自分で窓口に行けない場合は代理人の代行もできるんだ。その時は、委任状を用意しておく必要があるんだ。

会　话

（田中从日本到中国短期旅游，偶遇即将去日本留学的王伟）

田中：小王，我听说下周你要去日本留学，是真的吗？

王伟：是真的。

田中：能去日本留学很好啊。

王伟：嗯，我从小就读介绍日本的书，还通过互联网调查了各种各样日本的信息。大家都经常说日本在科学研究、经济等方面非常发达，在许多领域处于世界先进地位。我想正好现在也是出国热，去日本留学实现自己的梦想应该不是什么难事吧。

田中：出国手续难吗？

王伟：并没有那么难哟。我一直去留学中介公司，所以相关知识我是了解的。而且，办理护照、签证等的整个手续是留学中介公司帮我办下来的。现如今，手续什么的不需要亲自办理了。

田中：那这样一来，就很简单了。

王伟：护照的手续相对来说比较简单。签证的话需要一些时间，必须接受管辖地方的日本大使馆或日本领事馆的审核才行。为了能顺利通过该审核，必须预先取得去留学的学校的入学许可才行。所以一开始应该认真地和对方学校取得联系，并提出申请。还有在申请签证的时候，提交给日本大使馆或者日本领事馆的文件也必须

是写有真实信息的，否则通过的可能性很低，所以这部分还是很重要的。
田中：签证一旦办下来，就一直能用到回国吗？
王伟：也不一定是那样的。其实签证是有有效期限的。一旦接近期限，就必须在入国管理局办理延长滞留时间的手续。关于签证的滞留时间延长、身份变更等手续，如果自己不能去窗口办理，可以考虑请代理人代为办理。此时，需要事先准备好委托书。

解説（かいせつ）

1. たり…たり（など）する

「たり」为接续助词。接在用言连用形（五段动词音便形）之后，表示列举。可用"［用言连用形］たり…［用言连用形］たりする""［用言连用形］たり…［用言连用形］たりして""［用言连用形］たり…［用言连用形］たり"形式，表示"或……或……""又……又……""时而……时而……"等意思。有时只用一个"［用言连用形］たり（など）する"的形式，举出一例作为代表，表示"干……什么的""干……之类的事"。

例1　最近天気が寒かったり、暖かったりして定(さだ)まらない。/最近天气忽冷忽热，不稳定。

例2　さっき食べたり、飲んだりもう腹をこしらえた。/刚才又吃又喝，已填饱了肚子。

例3　廊下で騒いだりしてはいけない。/不要在走廊里喧闹！

例4　いよいよ、後三週間立ってから、新学期が始まるので、授業に使う教材を買ったり予習したり、色々と前準備をしなければならない。/很快，再过三个星期，新学期就要开始了，所以又要买上课的教材，又要预习，须预先做各种准备。

例5　子供の頃から、日本を紹介する本を読んだり、いろいろと情報をインターネットで調べたりしていた。/我从小就读介绍日本的书，还通过互联网调查了各种各样日本的信息。（本文会话）

2. んだ

「ん」是「の」的口语形。口语中常用「んだ」或「んです」代替「のだ」或「のです」。通过这样的表达，或表示强调，或表示断定，或叙述理由，或提出问题，或回忆往事，等等。

例1　今から出かけるんです。/马上就出门。
　　　比较：今から出かける。/马上出门。
例2　彼は何も知らないんだから、聞いてもむだだ。/他什么也不知道,问了也是白费力。
例3　先生のご指導がありましたから、私はうまく研究を進めたんです。/由于有老师的指导,我才顺利进行了研究。
例4　入学式は先月の八日に行われたんだ。/开学典礼是上个月8日举行的。
例5　田中：出国手続きは難しかっただろう。/田中：出国手续难吗?
　　　王偉：そんなに難しくはないんだよ。/王伟：并没有那么难哟。（本文会话）

3. なければならない

「なければならない」接在动词未然形、形容词连用形、(形容动词或体言+で)之后,表示"必须……""不能不……""应该……"等意思。类似的表达有「ないといけない」。

例1　自動車の通行ルールとしては、中国では道路の右側通行ですが、日本では道路の左側通行でなければならない。/作为汽车通行规则,在中国,汽车应该在右侧通行,而在日本,汽车应该在左侧通行。
例2　今までこのような仕事をしたことがないから、始めから勉強しなければならない。/至今我没有做过这种工作,必须从头学起。
例3　地元管轄している日本大使館や日本領事館で審査を受けなければならない。/必须接受管辖地方的日本大使馆或日本领事馆的审核才行。（本文会话）

4. とは限らない

「とは限らない」接体言、用言终止形后,表示不能断定,表示"不一定……""未必……"。

例1　値段が安いからといって、品質がよくないとは限らない。/虽说价格便宜,但质量不一定不好。
例2　金持ちだからといって、幸せとは限らない。/有钱未必就幸福。
例3　そうとは限らない。/也不一定是那样的。（本文会话）

5. 実は

「実は」为接续词，构成独立文节，放在句首，可后接表示说明、希望的句子，多用于向对方讲述事情的实际状况、秘密或对方可能感到意外的情况，相当于汉语的"说实在的""其实""实际上""是这样的"等。

例1　実は、私にも分からない。/其实，我也不太懂。

例2　お告げしたいことがあるんですが、実は私は明日辞職します。/我有事想告诉你，说真的，我明天辞职。

例3　実は、ビザには有効期限ってものがあるんだ。/其实签证是有有效期限的。

（本文会话）

二、上海浦東国際空港から日本中部国際空港へ（从上海浦东国际机场去往日本中部国际机场）

単語（たんご）	中文释义
空港（くうこう）（名）	机场
上海浦東国際空港（しゃんはいほとうこくさいくうこう）（名）	上海浦东国际机场
中国国際航空（ちゅうごくこくさいこうくう，CA）（名）	中国国际航空（公司）
チェックイン（名）	搭乘手续
カウンター（名）	柜台，账台
チェックインカウンター（名）	搭乘手续办理柜台
探す（さがす）（五他）	找，寻找，寻求
教える（おしえる）（下一他）	教；告知，告诉
インフォメーションセンター（名）	信息中心
問い合わせ（といあわせ）（名）	问，询问，打听
係員（かかりいん）（名）	担任……的人，办事员，工作人员
案内（あんない）（名・サ他）	向导，引导，导游
チケット（名）	（车票、入场券等）票，券
フライトナンバー（名）	航班（号）
間違い（まちがい）（名）	错误，过失
国際線（こくさいせん）（名）	国际航线
並ぶ（ならぶ）（五自）	排列；排队
受付（うけつけ）（名・サ他）	接受，受理
荷物（にもつ）（名）	行李；货物；物品
スーツケース（名）	行李箱
手荷物（てにもつ）（名）	随身携带的行李

単語（たんご）	中文释义
チェック（名・サ他）	核对，查对，检查
座席（ざせき）（名）	座位
通路（つうろ）（名）	通行路，通道
殆ど（ほとんど）（副）	几乎，差不多
身の回り品（みのまわりひん）（名）	随身物品，日常生活用品
オーバー（名・サ自他）	超过
移す（うつす）（五他）	转移，迁移，挪，搬
貼る（はる）（五他）	贴
荷札（にふだ）（名）	货签，行李标签
ローマ字（ローマじ）（名）	罗马字
フルネーム（名）	全名
搭乗券（とうじょうけん）（名）	登机牌
搭乗ゲート（とうじょうゲート）（名）	登机口
搭乗時刻（とうじょうじこく）（名）	登机时间
際（さい）（名）	时候，时刻
保安検査（ほあんけんさ）（名）	安检
パソコン（名）	个人电脑，个人计算机
上着（うわぎ）（名）	上衣
ズボン（名）	裤子
味噌（みそ）（名）	豆酱，面豉酱
用意（ようい）（名・サ自他）	准备，预备
ボーディングブリッジ（名）	（机场的）登机桥
なんだか（副）	不知为什么，总觉得
荷物棚（にもつだな）（名）	行李架
片付ける（かたづける）（下一他）	收拾；整顿；处理
着席（ちゃくせき）（名・サ自）	就座，入席
隣り合う（となりあう）（五自）	紧挨着，相邻
一段落（いちだんらく）（名・サ自）	一段落
支社（ししゃ）（名）	分社；分公司；分店；分行
サポート（名・サ他）	援助，支持

単語（たんご）	中文释义
本社（ほんしゃ）（名）	总社；总公司；总店；总行
派遣（はけん）（名・サ他）	派遣
アナウンサー（名）	广播员，播音员
遠慮（えんりょ）（名・サ自他）	远虑；客气；避讳；谢绝
離陸（りりく）（名・サ自）	起飞
シートベルト（名）	座位安全带
しっかり（副・サ自）	牢固地，结实地；好好地；充分地
締める（しめる）（下一他）	系（紧），拧（紧）
救命胴衣（きゅうめいどうい）（名）	救生衣
措置（そち）（名）	措施，处置
沈む（しずむ）（五自）	沉没，沉入
万が一（まんがいち）→万一（まんいち）（名・副）	万一
備える（そなえる）（下一他）	准备
聞き取る（ききとる）（五他）	听见，听懂
いずれ（副）・いずれにしても（連語）	反正，早晚
付き合う（つきあう）（五自）	来往，交际，交往
フライトアテンダント（名）	空中乘务员
オレンジジュース（名）	橘子汁
コーラ（名）	可乐
揺れ（ゆれ）（名）	摇晃，颠簸
出入国（しゅつにゅうこく）（名）	出入国
それなら（接）	那么，那样的话，如果那样
内側（うちがわ）（名）	内侧，里面
ひとさし指（ひとさしゆび）（名）	食指
ターンテーブル（名）	机场出行李的转盘
ベルトコンベヤー（名）	皮带式输送机；行李传送带
手荷物受取所（てにもつうけとりしょ）（名）	随身行李提取处
通関審査官（つうかんしんさかん）（名）	通关审查官

会話（かいわ）

（王偉は日本へ留学するために、上海浦東国際空港で中国国際航空の便に乗りますが、そこで、日本人の乗客（じょうきゃく）、小川（おがわ）さんに会いました）

＜航空券の取得＞

（上海浦東国際空港にて）

小川：すみません、中国国際航空のチェックインカウンターを探しておりますが、ちょっとどこにあるのか分からなくて、教えていただけないでしょうか。

王偉：実は、私もよく分からないんだけど、あそこにインフォメーションセンターがあるので、あそこで問い合わせすればいかがですか。

小川：分かりました。どうも、ありがとうございました。

小川：すみません。ここはインフォメーションセンターでしょうか。

空港案内係員：はい、そうですが、何でしょう。

小川：実は、中国国際航空のチェックインカウンターを探しておりますが、場所がわからなくて…。

空港案内係員：中国国際航空なら、こちらから右に向いていただくと、Cという標示（ひょうじ）が見えます。そこが中国国際航空のチェックインカウンターです。

小川：どうも、ありがとうございました。

空港案内係員：どういたしまして。

（中国国際航空のチェックインカウンターで）

小川：すみません。中国国際航空はここでしょうか。

CA案内員：はい、そうです。チェックインですね。飛行機チケットとパスポートを拝見してもよろしいでしょうか。

小川：はい、こちらです。

CA案内員：あ、では、ちょっと見てみますね。便名（べんめい）からは、日本の名古屋行きですね。フライトナンバーは間違いなく、こちらの国際線です。

小川：あ、これで安心しました。後は、列の後ろに並んで、チェックインを待つだけでいいんですね。

CA案内員：はい、そうです。そのとき、パスポートと飛行機チケットのご提示（ていじ）をお願いいたします。

(20分並んで待つ)

チェックイン受付：次のお客様、こちらへどうぞ。

小川：はい。

チェックイン受付：パスポートとチケットを拝見してもよろしいでしょうか。

小川：はい、どうぞ。

チェックイン受付：預（あず）ける荷物は、これだけですか。

小川：はい、スーツケース一個だけです。こちらの荷物は手荷物です。

(この間にチェックイン受付は、パスポートとチケットを確認する)

チェックイン受付：では、スーツケースをこのコンベヤーの上に持っていただけないでしょうか。

小川：分かりました。

チェックイン受付：座席は窓側（まどがわ）のほういいですか、通路（つうろ）のほういいですか。

小川：通路のほうでお願いします。

小川：このスーツケースには殆ど身の回り品ですが。

チェックイン受付：預ける荷物、一個で25キロの上限があります。

チェックイン受付：ちょっと25キロをオーバーしていますね。現在25.6キロですので、まだ、大丈夫です。もし、これよりもっとオーバーする場合は、中のものを手荷物に移す必要があります。

小川：あ、はい、分かりました。

チェックイン受付：はい、スーツケースに貼る荷札を作りますので、それに、ローマ字でフルネームでお願いします。

小川：はい、できました。

チェックイン受付：はい、荷札はスーツケースに貼っておきました。こちらは搭乗券です。搭乗ゲートは19番で、座席番号は搭乗券のここに書いてあります。搭乗時刻も、搭乗券に書いてあります。必ず、この時刻より早めに搭乗ゲートに集合してください。搭乗ゲートを通る際に、再度パスポートと搭乗券を係りの者にご提示ください。荷物預り証は搭乗券の裏に貼っておきました。では、楽しい旅をお楽しみに。

小川：はい。どうもありがとうございます。

＜出国と搭乗手続き＞

(通関の所で、手荷物などのチェックを受ける)

保安検査：手荷物の中にパソコンが入っているなら、取り出してください。それか

ら、手荷物と一緒にここのかごに入れてください。また、上着とズボンにあるものをすべて取り出して、かごに置いてください。

（X線検査の後）

保安検査：あ、すみません。液体物は持ち込み禁止です。このジュースとこの味噌は持ち込みが禁止です。これらのものはこちらで全て処分します。ここに置いていってください。

小川：えー！そうなんですか。知らなかったです。仕方ないですね。

（早めに搭乗ゲートに着いた小川は30分待った）

搭乗ゲート受付：上海浦東国際空港発、日本の名古屋行きの飛行機は、除雪作業のため、1時間遅れて出発することになっております。大変お忙ぎのところ、申し訳ありませんが、暫くお待ちください。作業が終わり次第、搭乗ゲートを開始します。ご理解ご協力のほどお願いいたします。

小川：ああ～、帰国の日に、こんなことで、待たされるなんて運が悪いなあ！

（更に40分立った後）

搭乗ゲート受付：上海浦東国際空港発、日本の名古屋行きの飛行機は、間もなく、搭乗手続きを開始しますので、搭乗券とパスポートのご用意の上搭乗ゲートまでお越しください。

（列に並んで、搭乗ゲートのほうへ移動してきた小川は、パスポートと搭乗券を受付の人に見せました。問題がなかったので、搭乗ゲートを順調に通った。それから通路を歩いて、ボーディングブリッジを渡った）

＜搭乗した機内で＞

（飛行機の中）

小川：（僕の座席はH31だ。後ろにあるのか。なんだか、H31ちょっと混んでいるようだな）すみません、通してください。

王偉：すみません、荷物棚に自分の荷物を入れたいですけど、ちょっと重くて、助けていただけませんか。

小川：あ、あなたはさっきの人、さっきはどうもありがとうございました。この荷物でしょうか。ちょっと私がやってみましょう。

（荷物が片付いた後、二人とも着席した。ちょうど、二人の座席は隣り合っている）

王偉：先ほどは、どうもありがとうございました。本当に助かりました。

小川：とんでもないです。ところで、中国の方でしょうか。

王偉：はい、中国からの留学生で王偉と申します。

小川：私は小川と申します。こちらの仕事が一段落して、今日、名古屋に帰ることになりました。上海支社の販売営業へのサポートのため、日本の名古屋にある本社から中国に派遣されました。いやあ、中国人にしては日本語がお上手ですね。

王偉：いいえ、まだまだです。実は、日本語はまだ習ったばかりなんです。まだ、下手なんですけど。

小川：いいえ、いいえ、そんなことはないですよ。それで、どうして日本留学を決めたんですか。

王偉：日本の先進技術を身に付けたいと思っているからです。

小川：そうですか。それはいいですね。ご出身はどこですか。

王偉：江蘇省の蘇州です。

（機内でアナウンサーの音声が流れている）

アナウンサー：機内は、タバコは絶対にご遠慮ください。飛行機が離陸する前に、シートベルトをしっかりとお締めくださいますようお願い申し上げます。救命胴衣は座席の下にあります…。

王偉：救命胴衣はどの役割ですか。

小川：安全措置の一つで、時には、飛行機が何かの故障あって、海面に落ちるばあいがあるから、この救命胴衣は身に着ければ、体が海に沈まないように守ってくれます。飛行機が海に落ちるというようなことは非常に少ないけれど、万が一のことに備えるために、やはり機内に配置する必要があるんだ。

王偉：なるほど。私の単語量が足りないため、あまり聞き取れませんでした。

小川：大丈夫です。これからの留学でいっぱい経験して、いずれ、きっと、日本語に慣れますよ。それから技術も身に付けておけば、王さんは将来きっと、大活躍するに違いない。

王偉：お励ましのお言葉いただいて、どうもありがとうございます。自分としては、しっかり頑張りたいと思います。

小川：私、中国に派遣された時も、ちょっと苦労しましたね。中国人と付き合う際に、中国語が話せないし、通訳がいなければ、何もできないと言っても過言ではありません。

王偉：そうですか。小川さんの話を聞いて言葉の大事さが分かりました。ところで、名古屋までは、どれぐらいかかりますでしょうか。

小川：普通は、2時間30分程度かな。日本は中国と時差があって、日本時間は1時間

早いということで、今は、中国時間12時ですから、向こうに着いたら、日本時間の午後3時半頃になるはずでしょう。

王偉：なるほど、もう一つ、勉強になりました。

(暫く会話してから、昼食の時間になった。フライトアテンダントが昼食を配り始めた。)

スチュワーデス：和食と洋食とどちらになさいますか。

小川：和食でお願いします。

王偉：私も和食で。

スチュワーデス：飲み物は何になさいますか。

小川：オレンジジュースをお願いします。

王偉：私はコーラをお願いします。

スチュワーデス：はい、かしこまりました。

(昼食が終わった後、更に1時間が立った)

アナウンサー：前方の強い気流のため、飛行機に多少の揺れがありますが、異常ではありませんので、ご安心ください。名古屋に到着する予定時刻は、現地時間の午後3時25分で、中国北京時間の午後2時25分です。着陸する前に、しっかりとシートベルトをお締めくださいますようお願いいたします。

(日本到着、入国手続き)
(飛行機が名古屋の中部国際空港に着陸した後、王偉はボーディングブリッジを通って、空港のホールに入りました)

小川：日本人は帰国する時、通関申告書と出入国記録カードを出す必要はありませんが、外国人の方は通関するために、予めに機内でその二つを貰って記入するか、通関する時、その所でもらって記入するかどちらも可能で、機内でもらうことを忘れたならば、通関する時、それらを貰って記入して出してもいいです。

王偉：分かりました。

(王偉が移動歩道に乗って、暫く立ったら通関につきました)

小川：王さん、すみません。私もこれから通関の手続きをしにいきます。私はそちらの通路となりますので、今日はいろいろとお世話になりました。どうも有難う。これは私の名刺です。これからの留学で頑張って、もし、私に何かできることがありましたら、こちらの名刺にある連絡先まで連絡してみてください。

王偉：はい、分かりました。ご親切に、本当にありがとうございました。

（通関審査の所で）
通関案内：外国人の方はこちらへどうぞ、それから、もう、外国人用の入国記録カードはもっていますか。
王偉：いいえ、まだです。さっき、機内でもらうのを忘れました。
通関案内：それなら、こちらの机の上にもありますから、一枚だけを抜いて、書いて提出してください。
王偉：はい。
（王偉は通関案内の指示に従い、黄色い線の内側で待っています）
通関係：次の方、こちらへどうぞ。
通関係：パスポートと搭乗券を見せてください。それと、入国記録カードも。
王偉：はい、こちらです。（記入済みの入国記録カードと搭乗券を提示した）
通関係：両手(りょうて)のひとさし指がこちらの設備の上を押したままで、顔をカメラに向けてください。
（暫く立った後）
通関係：はい、OKです。

（ターンテーブルに受託荷物を取りに行った王偉はベルトコンベヤーの横で困惑(こんわく)している）
手荷物受取所案内員：どうなさいましたか。
王偉：実は、上海浦東国際空港から便で来ましたが、どこで自分の荷物を受け取るかはわからなくて。
手荷物受取所案内員：搭乗券はありますか。そちらに書いてあると思います。
王偉：ええっと、搭乗券はこちらですけど。
手荷物受取所案内員：ちょっと、拝見してもよろしいでしょうか。そうですね。上海浦東国際空港の荷物なら、「C」の所と書いてありますが、「C」はそちらですけど、ご案内いたしましょうか。
王偉：ありがとうございます。「C」の所にあるとさえ分かれば、後は大丈夫です。
手荷物受取所案内員：どういたしまして。

（中部空港の出口で）
通関審査官：通関申告書はお持ちでしょうか。

王偉：はい、こちらです。
通関審査官：はい、お通り下さい。
王偉：どうも、ありがとうございます。

会　话

(王伟从上海浦东国际机场乘中国国际航空班机去日本留学，遇到日本乘客小川)
<获取机票>
(在上海浦东国际机场)
小川：麻烦问一下，我在找中国国际航空的机场搭乘手续办理柜台，有点搞不清它在哪里，能否麻烦您告诉我一下？
王伟：其实，我也不是很清楚。在那边有个信息中心，您可以到那边咨询一下。
小川：明白了。非常感谢！

小川：麻烦问一下，这里是信息中心吗？
机场向导：是的，没错。请问您有什么需要吗？
小川：实际上我在找中国国际航空的机场搭乘手续办理柜台，但是不知道在哪里能找到……
机场向导：中国国际航空的话，您往右边看，会看到一个有 C 字的标识。那里就是中国国际航空的机场搭乘手续办理柜台。
小川：非常感谢！
机场向导：不用谢！

(中国国际航空的机场搭乘手续办理柜台)
小川：麻烦问一下，中国国际航空是这里吗？
CA 向导：是的，没错。您是想办理搭乘手续，对吧？能否看一下您的机票和护照呢？
小川：好的，在这里。
CA 向导：啊，那我先看一下。从航班名上看，是去往日本名古屋的吧。航班号没有错，是这边的国际线。
小川：啊，这下我放心了。之后的话，只要排在队伍后面等待办理搭乘手续就可以了，对吗？
CA 向导：是的，没错。那个时候请不要忘记出示您的护照和机票。
(等待 20 分钟)

搭乘手续受理员：下一位乘客，请到这边来。

小川：来了。

搭乘手续受理员：能看一下您的护照和机票吗？

小川：好的，在这里。

搭乘手续受理员：托运行李只有这些吗？

小川：是的，就一个行李箱，这个手提行李自己拿着。

（这时搭乘手续受理员检查护照和机票）

搭乘手续受理员：能麻烦您把行李箱抬到这个传送带上吗？

小川：好的。

搭乘手续受理员：您是要靠窗户的座位，还是要靠过道的呢？

小川：我想要靠过道的。

小川：这个行李箱里面几乎都是随身物品。

搭乘手续受理员：每个托运行李不能超过25千克。

搭乘手续受理员：有点超过25千克了。现在是25.6千克，还不要紧。如果再超过一些，就必须把里面的东西移到随身携带的行李里面。

小川：啊，好的，明白了。

搭乘手续受理员：好的。我会做一个贴在行李箱上的行李牌，麻烦在这个上面用罗马字写上全名。

小川：嗯，写好了。

搭乘手续受理员：好的。行李牌已经在行李箱上面贴好了。这个是登机牌。登机口在19号，座位编号写在了登机牌上的这个地方。登机时间也写在登机牌上了。请务必在这个时间之前到登机口集合。登机的时候请再次向相关工作人员出示护照和登机牌。行李托运证贴在登机牌的背面了。祝您旅途愉快！

小川：好的。非常感谢！

<出国和搭乘手续>

（在通关的地方接受随身行李等的检查）

安检：如果随身行李里有电脑，请拿出来。然后请将随身行李一起放在这边的篮子里。另外，请把上衣和裤子里的东西全部取出来，放在篮子里。

（X光检查之后）

安检：啊，对不起。液状物禁止带入。这个果汁和这个面豉酱禁止带入。所有这些东西由我们处理，请放在这里。

小川：啊，这样啊。我不知道啊。没办法了。

（提早到达登机口的小川等了 30 分钟）

登机口工作人员：因除雪工作由上海浦东国际机场出发飞往日本名古屋的飞机，将会晚点 1 小时出发。在各位着急赶路时发生这种事情，实在抱歉。请耐心等待，我们将在除雪工作结束后的第一时间打开登机口，还望大家能理解和配合。

小川：啊啊，回国当天就因为种种事情被迫等待，真是不走运！

（又过了 40 分钟）

登机口工作人员：由上海浦东国际机场出发的飞往日本名古屋的飞机不久就要开始办理登机手续。请准备好登机牌和护照，然后移步至登机口。

（小川排到队伍后面，移至登机口处，并向工作人员出示了护照和登机牌。因为没有问题，他顺利通过了登机口。然后走过了通道，通过了登机桥）

<在搭乘的飞机上>

小川：（我的座位是 H31 号。在后面啊。我总觉得 H31 号座位的附近有些堵）不好意思，请让我过去一下。

王伟：不好意思，我想把自己的行李放到行李架上，稍微有点重，能否帮个忙？

小川：啊，你是刚才的那个人，刚才非常感谢！是这个行李吗？我试一下。

（行李整理好了以后，两个人都坐了下来。恰好两个人的座位靠在一起）

王伟：刚才非常感谢！真的是帮了我一个大忙。

小川：哪里，哪里。对了，您是中国人吧？

王伟：是的。我是从中国来的留学生，我叫王伟。

小川：我叫小川。这边的工作告一段落，今天回名古屋。这次因为要协助上海分公司开展销售工作，被日本名古屋那边的总公司派遣到中国来了。啊呀，尽管你是中国人，你的日语真不错啊！

王伟：不，其实还差得很远。实际上我才刚刚开始学日语。我的日语说得不太好。

小川：哪里哪里。那你为什么决定去日本留学呢？

王伟：我是想学习日本的先进技术。

小川：是这样的啊。你的想法很不错。那你是中国哪里的啊？

王伟：江苏省苏州市。

（飞机里响起播音员的声音）

播音员：飞机里禁止吸烟，请大家配合不要吸烟。在飞机起飞之前请系好安全带。救生衣在各位的座位下面……

王伟："救生衣"有什么作用？

小川：是一种安全措施。飞机有时候会因为遇到一些故障落入海中。这件救生衣如果穿

在身上，就能保证人不会沉入海中。虽然飞机落入海中这种事情非常少见，但是以防万一，还是有必要在飞机上配备救生衣的。

王伟：是这么回事啊。我因为词汇量不够，听得不是很明白。

小川：没关系的。你可以在今后的留学生活中充分体验，早晚一定会习惯日语的。然后再学习一些技术，小王将来一定会大有作为的。

王伟：非常感谢你能这么说。我会好好努力的。

小川：我在被派遣到中国的时候，也遇到了一些困难。在和中国人交往的时候不会说中国话，如果没有翻译，就什么也做不了。这样说一点也不为过。

王伟：是这样的啊。听了小川先生的话，我明白了语言的重要性。对了，到达名古屋要花多长时间啊？

小川：一般的话，2小时30分钟左右。日本和中国有时差，日本时间要早一小时。所以现在是中国时间12点，到了对面的话，应该是日本时间下午3点半左右。

王伟：原来如此。又学到了一样东西。

（对话了一会儿，到了午饭时间。空中乘务员开始分发午饭）

空中小姐：午饭有日式和洋式的，请问您需要哪种？

小川：请给我日式的。

王伟：我也要日式的。

空中小姐：请问您需要哪种饮料？

小川：请给我橘子汁。

王伟：我要可乐。

空中小姐：好的，明白了。

（午饭结束后又过了1个小时）

播音员：前方因气流的原因，飞机多少有些晃动，但没有异常，请各位放心。到达名古屋的预定时间为当地时间下午3点25分，中国北京时间下午2点25分。在飞机着陆之前，请各位系好安全带。

（到达日本、入国手续）

（飞机在名古屋的中部国际机场着陆之后，王伟通过了登机桥，进入了机场大厅）

小川：日本人回国的时候，不需要通关申报书和入国记录卡。而外国人为了通关，预先在飞机上拿到通关申报文书和入国记录卡后填写或者通关的时候在通关处领取再填写都可以。如果忘记在飞机上领取，也可以在通关时领取、填写再提交。

王伟：明白了。

(王伟乘上移动人行道,过了一会儿到达了通关的地方)

小川：小王，不好意思啊。我也要去办理通关手续了。我走那边的通道。今天一天承蒙你的照顾，非常感谢。这是我的名片，今后的留学你要加油啊。如果有什么我能帮得上忙的地方，请尝试联系这张名片上的联系方式。

王伟：好的，我明白了。真的十分感谢你的热情照顾。

(在通关审查处)

通关向导：外国人请走这边。然后，您有外国人专用的入国记录卡吗？

王伟：还没有。刚才忘记在飞机上拿了。

通关向导：如果忘记在飞机上拿的话，这边的桌子上也有，请拿一张填写后提交。

王伟：好的。

(王伟按照通关向导的指示在黄线内侧等待)

通关工作人员：下一位，请到这边来。

通关工作人员：请给我看一下护照和登机牌。然后，入国记录卡也要给我看一下。

王伟：好的，在这里。(出示了填好的入国记录卡和登机牌)

通关工作人员：请将双手的食指按在这里的设备上不动，然后脸部朝向摄像头这边。

(过了一会儿)

通关工作人员：好了，这样就OK了。

(走向转盘去取行李的王伟在皮带输送机旁边感到困惑)

随身行李提取处向导：您有什么需要帮忙的吗？

王伟：实际上我是从上海浦东国际机场乘飞机来日本的，不太明白在哪里能取回自己的行李。

随身行李提取处向导：您有登机牌吗？我想那上面应该会有提示。

王伟：嗯，登机牌在这边。

随身行李提取处向导：我可以稍微看一下吗？对的。上面写有：上海浦东国际机场的行李在"C"字样的地方。"C"的话在那边，要我带您去那边吗？

王伟：谢谢，只要明白"C"字样表示什么地方，就没问题了。

随身行李提取处向导：不用谢。

(在中部机场的出口处)

通关审查官：通关申报书您带来了吗？

王伟：嗯，在这里。

通关审查官： 好了，请通过。
王伟： 谢谢！

> **知识点**
>
> 以上提到了到达日本后的入境报关方式。其实还有一种入境报关方式，就是在线提交入境报关申请，不用填写任何纸质材料。这种入境报关方式叫作"Visit Japan Web"，简称"VJW"。它的优点是无须到达日本，在飞机未着陆之前，通过手机即可完成申请，可以大幅缩短通关时间。具体的做法如下：
>
> 1. 准备好机票（航班号等）、护照、邮箱地址。
> 2. 打开 VJW 的网页。
> 3. 填写申请人信息。包括姓名、出生年月、国籍、性别、护照信息、在日地址和联系电话。
> 4. 扫描护照信息。（注：在扫描不成功的情况下，在登录方法选择界面选择"自己输入"即可进行手动输入）
> 5. 登录预定。基本信息填完之后，点击"登录预定"，页面会回到登记首页。此时选择刚刚录入的"入境时间"。
> 6. 按照页面提示完善外国人入境记录卡信息。
> 7. 完成以上工作后，会发现出现一个黄色的二维码。截图并保存该码。该码是"外国人登录卡"的证明码。
> 8. 继续填写"海关申报表"。点击"海关申报准备"以下的"携带物品、单独托运物品申报"一栏，点击"海关申报"基础信息选项进行确认。完成该选项后，会出现一个蓝码。截图并保存。
> 9. 入境后，直接在通关处给工作人员扫码即可，无须再填写任何纸质表。

● 解说（かいせつ）

6. 拝見する

「拝見する」为他动词，是「見る」（看）的敬语形式，表示自谦，意为"拜见""拜谒"。其他类似的例子还有「拝読する」（表示"拜读"，是「読む」的自谦语）、「頂戴する」（表示"领受""收到"，是「もらう」的自谦语）。另外，「させていただきます」是由「する」变过来的，表示最高级别的自谦。所以「拝見させていただきます」比「拝見します」更加自谦。

例1　お手紙を拝見いたしました。/看到了您的来信。

例2　チェックイン受付：パスポートとチケットを拝見してもよろしいでしょうか。/搭乘手续受理员：能看一下您的护照和机票吗？（本文会话）

7. 次第

「次第（しだい）」作名词，意为"次序，顺序，情况"等，而作为接续助词时，接在动词连用形或サ变动词词干后，表示前面的动作一完成，就接着做后面的动作。相当于汉语的"一……就……""立刻……""马上……"等。

例1　準備ができ次第出発します。/一旦准备好就出发。

例2　商品を受け取り次第送金します。/一收到商品就汇款。

例3　作業が終わり次第、搭乗ゲートを開始します。/我们将在除雪工作结束后的第一时间打开登机口。（本文会话）

8. なるほど

「なるほど」可作为副词，表示肯定他人的意见或主张，意为"原来如此""的确如此""确实如此"。

例　甲：努力さえすれば必ず成功します。/甲：只要努力，就一定成功。
　　　乙：なるほど。/乙：的确如此。

「なるほど」也可作为感叹语，对他人的话表示感叹和赞赏，表示"正如您所说的啊""对啊"等。

例　なるほど、皆さんのおしゃったことは間違いないです。/对呀！大家讲得不错。

对长辈、老师通常不用「なるほど」，而用「そのとおり」（见第19课、第20课）。

例　なるほど。私の単語量が足りないため、あまり聞き取れませんでした。/是这么回事啊。我因为词汇量不够，听得不是很明白。（本文会话）

9. 二人とも

此处「とも」作为接尾词，表示"全部""全都"。「二人とも」意思是"二人都"。

例　荷物が片付いた後、二人とも着席した。/行李整理好了以后，两个人都坐了下来。（本文会话）

10. を身に付ける

「を」前接体言,「を身に付ける」意为"学会……""养成……""掌握……"。

例1　日本語を身につける。/掌握日语。

例2　日本の先進技術を身に付けたいと思っているからです。/我是想学习日本的先进技术。（本文会话）

11. きっと

「きっと」是副词,是「きと」的强调形,意为"一定""必定""准保"。

例1　彼はきっと来るだろう。/他一定会来吧。

例2　王さんは将来きっと、大活躍するに違いない。/小王将来一定会大有作为的。（本文会话）

12. に違いない

「に違いない」接在体言、动词及形容词连体形、形容动词词干后,表示说话人比较肯定的推测,意为"一定……""无疑（是）……""肯定……"。

例1　あの人様子から見て外国人に違いない。/那个人从样子来看,肯定是外国人。

例2　彼は一生懸命に努力していますから、成功をおさめるに違いありません。/他正在拼命努力着,一定能取得成功。

例3　これからの留学でいっぱい経験して、いずれ、きっと、日本語に慣れますよ。それから技術も身心付けておけば、王さんは将来きっと、大活躍するに違いない。/你可以在今后的留学生活中充分体验,早晚一定会习惯日语的。然后再学习一些技术,小王将来一定会大有作为的。（本文会话）

13. と言っても過言ではない

「と」为格助词,接体言、用言终止形后面,表示动作或说话的内容。「と言っても過言ではない」意为"（即使）说是……也并不过分""可以毫不夸张地说……"。「と言い過ぎではない」为类似的表达。

例1　交通信号がなければ、交通安全は想像にあまると言っても過言ではない。/如果没有交通信号灯,交通安全难以想象,这样说也并不过分。

例2　小川：中国人と付き合う際に、中国語が話せないし、通訳がいなければ、

何もできないと言っても過言ではありません。/小川：在和中国人交往的时候不会说中国话，如果没有翻译，就什么也做不了。这样说一点也不为过。（本文会话）

14. 接尾词「さ」

「さ」接在形容词、形容动词的词干后构成名词，表示该词的性质、程度或状态。

例1　深さ/深度，高さ/高度，強さ/强度，重さ/重量，丈夫さ/结实，面白さ/有趣，苦しさ/苦恼，嬉しさ/高兴劲

例2　小川さんの話を聞いて言葉の大事さが分かりました。/听了小川先生的话我明白了语言的重要性。（本文会话）

15. はず

「はず」是名词，接在用言连体形后，表示必然的因果关系，或表示预测、推测，意为"应该……""理应……"。

例1　早めに出発したから、決められた期日までに到着できるはずだ。/因提前出发了，所以应该在规定的日期前到达。

例2　日本は中国と時差があって、日本時間は一時間早いということで、今は、中国時間 12 時ですから、向こうに着いたら、日本時間の午後 3 時半頃になるはずでしょう。/日本和中国有时差，日本时间要早一小时。所以现在是中国时间 12 点，到了对面的话，应该是日本时间下午 3 点半左右。（本文会话）

16. お（ご）…いたす

「いたす（致す）」是五段动词，是「する」（做、为）的谦让语。「お…いたす」与动词连用形结合使用，而「ご…いたす」与サ变动词结合使用，表示说话人向对方表示谦恭的敬语表达形式。这种表达比「お（ご）…する」表示的恭敬程度要高。

例1　すみません。お待たせいたしました。/对不起，让您久等了。

例2　ご来訪の皆さんをご紹介いたしましょう。/让我介绍一下来访的各位。

例3　着陸する前に、しっかりとシートベルトをお締めくださいますようお願いいたします。/在飞机着陆之前，请各位系好安全带。（本文会话）

17. さえ…ば

「さえ」为副助词，接在体言、用言连用形、副词、助词等后面，与接续助词

「ば」相呼应，表示唯一且必要的条件。用「さえ…ば」的形式表示只要有前项的条件，就自然能够引起后项的结果。动词或补助动词的连用形后续「さえすれば」，形容词连用形「く」或形容动词连用形「で」后续「さえあれば」，相当于汉语的"只要……（就……）"。

例1　雨さえ降らなければ出発しよう。／只要不下雨就出发。

例2　お金を使いさえすればなんでも買えると思っているのか。／莫非你以为只要花钱什么都可以买到吗？

例3　よく練習しさえすればレベルを上げることができる。／只要好好练习，就能提高水平。

例4　この品物は質のよくさえあれば買いたいと思う。／只要这个东西质量好，我就想买。

例5　「C」の所にあるとさえ分かれば、後は大丈夫です。／只要明白"C"字样表示什么地方，就没问题了。（本文会话）

三、日本中部国際空港から名古屋大学宿舎へ（从日本中部国际机场去往名古屋大学宿舍）

単語（たんご）	中文释义
掲示板（けいじばん）（名）	告示栏，揭示牌
鉄道（てつどう）（名）	铁路
通行人（つうこうにん）（名）	路人，过路人，行人
交通手段（こうつうしゅだん）（名）	交通工具
ホール（名）	大厅
切符（きっぷ）（名）	车票，船票，飞机票，入场券
自動切符売り場（じどうきっぷうりば）（名）	自动售票处
小銭（こぜに）（名）	少量资金；零钱
急ぐ（いそぐ）（五自他）	急，急忙，着急；快走；赶紧，抓紧
プラットフォーム（名）	站台，月台；台架；平台；工作台
降りる（おりる）（下一他）	下，下来；下车；降下；退位
車掌（しゃしょう）（名）	乘务员，列车员
指定席（していせき）（名）	指定席
車両（しゃりょう）（名）	（火车、汽车等的）车辆
特急（とっきゅう）（名）	特快列车
青色（あおいろ）（名）	蓝色
座席番号（ざせきばんごう）（名）	座位编号
自由席（じゆうせき）（名）	自由席
選ぶ（えらぶ）（五他）	选择，挑选
荷物置き場（にもつおきば）（名）	行李放置处
迷惑（めいわく）（名・サ自）	麻烦，打搅，为难，烦扰
人混み（ひとごみ）（名）	人群，人山人海

単語（たんご）	中文释义
階段（かいだん）（名）	台阶
エスカレーター（名）	自动扶梯
層（そう）（名）	层，层次；社会阶层
標識（ひょうしき）（名）	指路牌
終に（ついに）（副）	终于
辿り着く（たどりつく）（五自）	好容易才走到
乗り換える（のりかえる）（下一他）	换乘，改乘，换车；改变，改行
苦労（くろう）（名・サ自）	辛苦，劳苦，艰苦，操劳；担心，操心
到着（とうちゃく）（名・サ自）	到达
辛抱（しんぼう）（名・サ自）	忍耐，忍受
改札口（かいさつぐち）（名）	检票口
タクシー（名）	出租车
拾う（ひろう）（五他）	拾，捡；在路上雇（汽车等）
迷う（まよう）（五自）	犹豫；迷失（方向）；着迷
地図（ちず）（名）	地图
この辺（このへん）（名）	这边，这里，这一片，这一带
辺り（あたり）（名）	附近，周围，一带
初めて（はじめて）（副）	最初，初次，第一次
行き方（ゆきかた）（名）	走法，走的路径
タクシードライバー（名）	出租车司机
運ぶ（はこぶ）（五他）	搬运，运送
暫く（しばらく）（副）	不久，一会儿
初乗り料金（はつのりりょうきん）（名）	起步价
新入生（しんにゅうせい）（名）	新生
管理人（かんりにん）（名）	管理人
大した（たいした）（連体）	非常，很，了不起
邪魔（じゃま）（名・サ他）	妨碍；打搅；拜访

会話（かいわ）

＜空港から宿舎へ＞
（王偉は空港の出口を出て、掲示板を確認してから、市内へ行く鉄道を探している）
王偉：すみません。ちょっと、お尋ねします。
通行人：ええ、何でしょうか。
王偉：市内へ行きたいですけど、空港の近くには、市内へ行く交通手段はありますでしょうか。
通行人：ええと、電車で市内に行くのが便利です。ホールの東へ行くと、自動切符売り場があります。そこで切符を買ってください。それから、そこには、駅の路線図がありますので、行きたい駅を選んでお金を投入すれば切符は購入できます。
王偉：実は小銭を持っていないのですが、大丈夫でしょうか。
通行人：そこはお札を入れることもできますよ。自動的にお釣りが出てきます。
王偉：丁寧なご説明をどうも有難うございました。
（自動切符売り場に急ぐ王偉）

（名鉄に乗るために、切符を買った王偉はプラットフォームで快速列車を待っています）
アナウンサー：名古屋、岐阜方面行きの快速列車は間もなく3番乗り場に到着いたします。黄色い線の内側に立ってお待ちください。
（列車を降りて乗車の様子を確認している車掌に王偉が声をかけた）
王偉：すみません。この列車は名古屋行きでしょうか。名古屋付近の金山駅で降りたいですけど、この列車で間違いないでしょうか。
車掌：はい。この列車ですよ。ただ、ここは指定席です。別途指定料金が必要になります。普通席は前の車両になります。
王偉：分かりました。ちなみに、特急はありますか。
車掌：ミュースカイという名前の、特急よりも速いものがあります。ミュースカイの値段は大体1,000円ぐらいになります。ちなみに、ミュースカイは青色している車両で、こちらの乗り場ではない。そちらの乗り場となっています。次に出発するミュースカイは、5分後です。
王偉：はい、分かりました。

（急いで、ミュースカイに乗り込んだ王偉）

王偉：おかしいなあ、座席番号とか、切符には書いてないなあ。
車掌：お客様、どうなさいましたか。
王偉：すみません。座席番号がこの切符には書いてないんですが。
車掌：そうですね、この車両は指定席ではなくて、自由席ですので、ご自由に席を選んでください。
王偉：ああ、そういうことだったんですか。分かりました。
車掌：ちなみに、スーツケースは、こちらの荷物置き場においてください。こちらは通路を通るほかのお客様のご迷惑にならないようになっていますので、どうぞご利用ください。
王偉：はい、分かりました。

<名古屋市内から名古屋大学の学生宿舎へ>
(30分経った後、ミュースカイが金山駅に着いた。王偉は列車から荷物を持って降りてきた)
王偉：(人混みの少ない所で地図を確認している王偉) 学校の宿舎は、ええっと、住所からみれば、一社駅の近くにある、ということは、これから、地下鉄で行くしかない。さて、ここは階段だね。階段一つ一つと上るしかないか。ちょっと荷物が重いけどなあ。
(王偉はどこかにエスカレーターがないかあたりを探します)
(王偉は上の層に行くエスカレーターを見つけました。エスカレーターで上ると、道の標識が幾つかあるのが見えて、それを見ながら、地下鉄を探して、ついに、地下鉄に乗る所に辿り着きました)
王偉：切符の買い方は一緒で簡単だけど、路線図からみれば、一社駅までは先ず、名城線（めいじょうせん）で栄駅（さかええき）にいってから、栄駅で東山線（ひがしやません）に乗り換えないといけない。ちょっと苦労するか。切符はさっきの名鉄よりずっと安かったなあ。
アナウンサー：名城線地下鉄は間もなく、3番乗り場に到着いたしますので黄色い線の内側でお待ちください。
(何回かの乗り換えてついに一社駅に着きました)
王偉：あ、もうすぐ日本時間午後6時だ、いよいよ、宿舎につくのか。よ～し、もうすごしの辛抱だ。

(一社駅の改札口を出た王偉は、荷物が重いだけでなく、先に進む道も分からない。タクシーを拾うかどうかのことで迷っています)

王偉：すみません。一社駅近くにある、名古屋大学の学生宿舎に行きたいですけど。ええと、地図からみれば、大体、この辺にありますが、初めてで、行き方がよく分からないので、行ってもらえますか。

タクシードライバー：はい、分かりました。ちょっとまって。後ろに荷物を運びますから。

王偉：あ、よろしくお願いします。

（暫く立った後、目的地の名古屋大学の学生宿舎に着いた）

タクシードライバー：ここですね。看板に名古屋大学一社宿舎を書いてありますね。では、ここで止めます。

王偉：はい、OK。それで、料金はおいくらでしょうか。

タクシードライバー：はい、初乗り料金はこれで、走行距離を合計すると、これになります。

王偉：では、これで足りますか。

タクシードライバー：どうもありがとうございました。

王偉：いいえ、こちらこそ。

（大学宿舎で管理人と話す）

野村：あなたは、新入生の方ですか。初めまして、野村と申します。こちらの管理人をしています。

王偉：はい、初めまして、王偉と申します。今日、中国から来たばかりで、日本のことは、まだ右も左もわかりませんので、これから、よろしくお願いいたします。

野村：こちらこそ。やあ、それにしても、若いのに、一人で日本に来られたのは大したものです。

王偉：いいえ、途中で、親切な方に出会って、助けてもらったので、無事に到着できました。

野村：さあさあ、外はちょっと寒いから、どうぞ、中へ。

王偉：では、お邪魔いたします。

野村：はい、どうぞ。

会 话

<从机场去往宿舍>
(王伟从机场出口出来,确认了告示栏后,寻找去往市里的铁路)

王伟:不好意思。请问一下。

路人:嗯,有事吗?

王伟:我想去市里。机场附近有去往市里的交通工具吗?

路人:嗯。坐电车去市里更方便。往大厅东边走,有一个自动售票处。请到那里购票。然后,那边有站点路线图。您可以选择想去的站点,再投入钱,就可购买车票。

王伟:其实我没带零钱。应该不要紧吧?

路人:那边也可以投入纸币的哟,能自动找零。

王伟:非常感谢您能悉心说明。

(王伟匆忙赶往自动售票处)

(王伟为了乘坐名铁购买了车票,然后在站台等待快速列车)

播音员:去往名古屋、岐阜方向的快速列车不久就到达3号车站。请站在黄线内等待。

(列车乘务员下车确认乘车的状况。王伟向乘务员打了个招呼)

王伟:不好意思。请问这列列车是去往名古屋吗?我想在名古屋附近的金山站下车。这列火车应该没错吧?

乘务员:是的,没错。是这列火车。只不过这边是指定座席。需要另外支付指定费。普通座席在前面的车厢。

王伟:明白了。顺便问一下,有没有特快列车?

乘务员:有一种叫作 μ-sky 的,比特快列车还要快。μ-sky 的价格大概在 1000 日元左右。另外,μ-sky 是蓝色车厢,不是在这一侧的站台乘坐,要到对面的站台乘坐。下一班 μ-sky 还有 5 分钟出发。

王伟:好的,我知道了。

(王伟急忙乘上了 μ-sky 列车)

王伟:好奇怪啊。座位编号什么的都没有写在车票上。

乘务员:您好,您遇到什么问题了?

王伟:不好意思。这张车票上没有写座位号码。

乘务员:是啊,这节车厢不是指定席,而是自由席。请自由选择座位。

王伟:啊啊,原来是这样的啊。我了解了。

乘务员：另外，请把行李箱放在这边的行李放置处。这个放置处是为了不影响其他乘客通过而设置的。请您使用这边的放置处。

王伟：好的，我知道了。

<从名古屋市内去往名古屋大学的学生宿舍>

(过了30分钟，μ-sky到达了金山站。王伟拿着行李从列车上走了下来)

王伟：(王伟在人较少的地方确认了一下地图) 学校的宿舍，嗯，从地址来看，在一社站附近。也就是说接下来只能乘地铁过去了。这边是台阶，看来只能一个台阶一个台阶地上去了。这行李有点重了。

(王伟寻找附近是否有自动扶梯)

(王伟找到了去往上层的自动扶梯。通过自动扶梯来到上面时发现有几个指路牌。王伟一边看指路牌，一边试着寻找地铁，好不容易才走到了乘地铁的地方)

王伟：车票的购买方法虽然一样，很简单，但是从路线图上看，到一社站好像首先要坐名城线到达荣站后在荣站换乘东山线，颇费周折。车票比刚才的名铁更加便宜啊！

播音员：名城线地铁不久就要到达3号站台，请在黄线内侧等待。

(经过多次换乘终于到达了一社站)

王伟：啊，快到日本时间下午6点了。就快到宿舍了。好！再忍耐一会儿。

(出了一社站检票口的王伟，不仅行李重，连往哪里走都不知道，正在为要不要乘出租车而犯愁)

王伟：您好。我想去一社站附近的名古屋大学的学生宿舍。嗯，从地图上看，大概是在这一带。这边我是第一次来，不太清楚怎么走，所以能麻烦您开车过去吗？

出租车司机：可以的。请稍微等一下，我把行李运到后面。

王伟：啊，那拜托您了。

(过了一会儿，到达目的地名古屋大学的学生宿舍)

出租车司机：是这里吧？大门的木牌上写着名古屋大学一社宿舍。那我就在这停车了。

王伟：好的。然后，我想问一下，费用多少？

出租车司机：起步价是这个价格，加上行车路程一共是这个价格。

王伟：那么这些够吗？

出租车司机：够的。非常感谢。

王伟：哪里，应该我谢谢您才对。

（在大学宿舍和管理员对话）

野村：你是入学新生吧？初次见面，我叫野村，是这里的管理人员。

王伟：啊，初次见面。我叫王伟，今天刚从中国过来。关于日本，自己什么都不懂，所以今后还请多多关照。

野村：哪里哪里。哎呀，不过你这么年轻就能一个人来日本，真不容易啊！路上一定很辛苦吧。

王伟：没有，路上碰见了好人，帮助了我，所以才能安全到达。

野村：快快，外面有点冷，请进来吧。

王伟：那多有打扰了。

野村：好的，请进。

知识点

名古屋大学的学生宿舍位于名古屋市的一社站附近。到达那边需要乘坐名古屋中部国际机场的μ-sky或名铁到达金山站，在金山站换乘地铁名城线。到达名古屋市中心的荣站后换乘地铁东山线，到达一社站后徒步约20分钟到达名古屋大学的学生宿舍。当然，乘出租车也可以去，大概10分钟即可到达。

● 解説（かいせつ）

18. てから

「て」为接续助词，接动词连用形（五段动词音便形）之后，「から」为格助词，「てから」表示在某项动作之后，相当于汉语的"……以来""（自从）……之后"。

例1　よく考えてから最後の決定をしましょう。/好好考虑以后再做最后的决定。

例2　会議が終わってから、すぐ行きます。/会议结束后我马上就去。

例3　王偉は空港の出口を出て、掲示板を確認してから、市内へ行く鉄道を探している。/王伟从机场出口出来，确认了告示栏后，寻找去往市里的铁路。（本文会话）

19. 声をかける

表示打招呼。

例1　先生に声をかけてくださいね。/请跟老师打个招呼吧。

例2　列車を降りて乗車の様子を確認している車掌に王偉が声をかけた。/列车

乘务员下车确认乘车的状况。王伟向乘务员打了个招呼。（本文会话）

20. ただ

（1）作名词使用。

① 表示"奉送""免费""白给"等意思。

例　ただのサービス/免费的服务

② 表示"普通""平常""平凡"等意思。

例　いくら名教授でもただの人間(にんげん)ですから。/虽说是很有名的教授，但也是个普通人。

（2）作副词使用。

多和「のみ」「だけ」「ばかり」「しか」相连用，表示"只要""只是""仅仅""仅此而已""无非"等意思。

例1　ただ言われた通りにすればいい。/只要按照说的那样做就好。

例2　ただ泣(な)いてばかりいる。/只是哭。

例3　別の意味はない、ただ聞いてみただけだ。/没有别的意思，只不过打听一下罢了。

例4　ただ一人しか来なかった。/只来了一个人。

例5　両親の意志(いし)にただ従(したが)うのみで、自分の考えを持たないあなたにはもうあきれた。/只是一根筋地顺从父母的意愿，却没有自己的想法。对于这样的你，我已经很无奈了。

（3）作接续词使用。

表示"但是""然而""就是""可就""不过"等意思。

例1　これはとても美味(お い)しい。ただ、ちょっと高い。/这个味道很好，就是价格有点贵。

例2　ただ、ここは指定席です。/只不过这边是指定座席。（本文会话）

21. どうなさいましたか

「どうなさいましたか」是「どうしましたか」的敬语形式，表示尊敬，意为"您怎么啦？""您遇到什么问题了吗？"

例　お客様、どうなさいましたか。/您好，您遇到什么问题了吗？（本文会话）

22. ということは

接在句子后面，表示"……关于这件事……""……这样的事……""……也就是说……"的意思，可灵活翻译。

例　学校の宿舎は、ええっと、住所からみれば、一社(いっしゃ)駅の近くにある、ということは、これから、地下鉄で行くしかない。/学校的宿舍，嗯，从地址来看，在一社站附近。也就是说接下来只能乘地铁过去了。（本文会话）

23. しか…ない

「しか」为副助词，接在体言、副词、助词、动词连体形，以及形容词、形容动词的连用形后，表示着重提出一个特定的事物、条件，而否定其他。看似否定，实为肯定，表示"只有""仅仅""仅有"等意思。

例1　この高速鉄道では西安までしか行かれない。/乘这列高铁只能到西安。
例2　このことは私しか知らない。/这件事只有我知道。
例3　日本へしかいったことがない。/只去过日本。
例4　外国語は日本語しか習わなかった。/外语，只学了日语。
例5　学校の宿舎は、ええっと、住所からみれば、一社駅の近くにある、ということは、これから、地下鉄で行くしかない。/学校的宿舍，嗯，从地址来看，在一社站附近。也就是说接下来只能乘地铁过去了。（本文会话）

24. ながら

接续助词「ながら」接动词连用形之后，表示同一主体同时进行两个动作或行为，表示"一边……一边……"。

例1　あの人が電動自転車に乗りながら携帯電話を見ているのは危ないですよ。/那个人一边骑电动自行车，一边看手机，很危险呀！
例2　歌を歌いながら踊りを踊っている。/载歌载舞。
例3　それを見ながら、地下鉄を探して、ついに、地下鉄に乗る所に辿り着きました。/一边看指路牌，一边试着寻找地铁，好不容易才走到了乘地铁的地方。（本文会话）

25. だけでなく

「だけ」为副助词，表示限定一定的范围，相当于汉语的"只""仅仅"等意思。

「でなく」是由「でない」变化而来的，表示"不……""不是……"。「だけでなく」接在体言或用言连体形后，后面常与副助词「も」联用，表示"不但……而且……""不仅……也……"。

　　例1　部長だけでなく、社長も今回の生産計画が遂行(すいこう)できなかったという事実を認(みと)めていた。/不仅部长，连社长也承认了这次生产计划没能完成的事实。

　　例2　彼は字がきれいなだけでなく、文章も上手です。/他不仅字写得好，文章也写得漂亮。

　　例3　一社駅の改札口を出た王偉は、荷物が重いだけでなく、先に進む道も分からない。/出了一社站检票口的王伟，不仅行李重，连往哪里走都不知道。（本文会话）

26. かどうか

两个「か」均为副助词，表示选择，「どう」为副词，表示"怎样""如何"。「かどうか」接在体言、形容动词词干或用言终止形后面，表示不确定，相当于汉语的"是否……""是不是……""能否……""是……，还是不……"等意思。

　　例1　会社はあした休みかどうかまだわからない。/还不知道公司明天放不放假。

　　例2　タクシーを拾うかどうかのことで迷っています。/正在为要不要乘出租车而犯愁。（本文会话）

27. 右も左もわからない

直译的意思是"左边和右边都不知道"，引申为"自己什么都不懂或是不了解"。

　　例1　日本に来たばかりで、右も左もわかりません。/刚来日本，什么都不懂。

　　例2　日本のことは、まだ右も左もわかりませんので、よろしくお願いいたします。/关于日本，自己还什么都不懂，所以今后还请多多关照。（本文会话）

28. それにしても

「それにしても」为接续词，表示后续内容与上文的逆转关系，相当于汉语的"尽管如此""即便如此""即便是那样"等。

　　例1　なにか用があったのでしょう。それにしても電話ぐらい掛けてくれるものだ。/可能有什么事吧。即使那样，也该来个电话啊！

　　例2　それにしても、若いのに、一人で日本に来られたのは大したものです。/不过你这么年轻就能一个人来日本，真是不容易啊！（本文会话）

29. 大した

「大した」为连体词，意为"很""非常""了不起"。与否定相呼应，句型「大した…ない」表示"没有什么了不起的""不值得一提的""并不怎么……"等意思。

例1　大した病気ではない。/不是什么大病。

例2　大した用事もない。/并没有什么要紧的事。

例3　それにしても、若いのに、一人で日本に来られたのは大したものです。/不过你这么年轻就能一个人来日本，真是不容易啊！（本文会话）

30. ものです

「ものです」接在"体言+「の」、用言连体形"后面，表示感叹、惊讶等。相当于汉语"真……呀""可真……""太……啦""的确……"等。

例1　月日のたつのはほんとうに早いものだ。/时间过得真快呀！

例2　それにしても、若いのに、一人で日本に来られたのは大したものです。/不过你这么年轻就能一个人来日本，真是不容易啊！（本文会话）

31. お邪魔いたす

「邪魔」是名词及サ变他动词，意为"妨碍""打搅""拜访"等。「お邪魔いたします」比「お邪魔します」更加敬重。

例1　今からお邪魔して宜しいでしょうか。/现在就去拜访您，可以吗？

例2　お邪魔いたしました。（或いは：お邪魔しました。）/我打搅您了！（拜访临别时的用语）

例3　では、お邪魔いたします。/那多有打扰了。（进别人家时的用语）（本文会话）

四、入国管理局で（在入国管理局）

単語（たんご）	中文释义
入国管理局［略称「入管（にゅうかん）」］（にゅうこくかんりきょく）（名）	入国管理局（简称「入管」）
問い合わせる（といあわせる）（下一他）	打听，询问，咨询
もしもし（感）	（「もし」的强调形，多用于打电话时）喂，喂喂
担当者（たんとうしゃ）（名）	担当者，负责人
申す（もうす）（五他）	（谦）说，讲，告诉，称为
資格外活動許可証（しかくがいかつどうきょかしょう）（名）	资格外活动许可证
件（けん）（名）	事，事情
持ち物（もちもの）（名）	携带的物品
メモ（memo）（名・サ他）	笔记，记录
階（かい）（名）	（楼房的）层
枚（まい）（名）	（计算平薄物体的量词）张
済み（すみ）（名）	完了，完结，完成
番（ばん）（名）	轮班，班；次序，顺序
番号（ばんごう）（名）	编号，号码
用件（ようけん）（名）	要事；应办的事情
札（さつ）（名）	（小木片或小纸片做成的）牌子；纸币
切手（きって）（名）	邮票
前もって（まえもって）	预先，事先

会話（かいわ）

（入国管理局に行く前に電話で入国管理局の受付に資格外活動許可の事項を問い合わせている王偉）

王偉：もしもし、入国管理局でしょうか。

受付：はい、こちらは入国管理局です。

王偉：私、留学生ですが、日本に来て一週間立ちました。資格外活動許可を申請したいのですが。

受付：あ、はい。留学生ですね。資格外活動許可の申請ですね。担当者に電話を代わりますので、少々お待ちください。

木田：はい、お電話を代わりました。留学生担当の木田と申します。資格外活動許可証の件ですね。今日、入国管理局に来られますか。

王偉：はい、今日行く予定です。

木田：分かりました。手続きに必要な持ち物について申し上げますので、メモのご用意をお願いします。

王偉：あ、はい、少々お待ちください。メモの用意ができました。どうぞ、どんな持ち物が必要かを教えてください。

木田：はい、いいですか。持ち物についてですが、全部で六点あります。ボールペン、国民健康保険証、学生証、パスポート、印鑑、在留カードです。

王偉：はい、分かりました。

（入国管理局の一階で）

一階の受付：次の方はこちらへどうぞ。

王偉：資格外活動許可証を作りたいですが。

一階の受付：まず、手続き用の表を記入しなければなりませんが、表はこちらでもらえますから、何枚欲しいですか。

王偉：あ、はい。一枚いただきたいと思います。

一階の受付：はい、こちらです。これを記入してから、二階の総合案内でどこに提出するのかを聞いてください。

王偉：あ、はい、どうも。

（二階の総合案内で）

王偉：すみません。資格外活動許可証を作っていただきたいと思いますが、表はどこ

に提出すれば宜しいでしょうか。

総合案内：もう、記入できましたか。

王偉：はい、記入済みです。

総合案内：それでは、こちらの番号を一枚取ってください。それから、表を持って、36番の窓口に提出して、引かれた番号を呼ばれるまでは、手続きの完了を暫くお待ちください。

王偉：はい、分かりました。

(36番窓口（まどぐち）で)

36番窓口の受付：どんなご用件でしょうか。

王偉：こちらは資格外活動許可証の申請表ですが、もう記入済（ず）みで、資格外活動許可証を作っていただきたいと思います。

36番窓口の受付：(表を受け取って) はい、それでは、おかけになって少々お待ちください。

(30分経った後)

36番窓口の受付：49番の札をお持ちの方はどなたでしょうか。こちらへどうぞ。

王偉：(右手を挙（あ）げて) こちらです。

36番窓口の受付：はい、王さんですね。こちらは資格外活動許可証です。切手ぐらいな大きさで、パスポートの中に貼（は）ってあります。有効期限をご注意ください。来年の6月2日までですが、その期限がきれる前に、前もって、こちらへ更新に来てください。

王偉：はい、分かりました。どうもありがとうございます。

会　话

(在去入国管理局之前，王伟打电话咨询入国管理局受理处资格外活动许可的事项)

王伟：喂喂，请问是入国管理局吗？

受理处：是的，是入国管理局。

王伟：我是一名留学生，来日本已经一周了，想申请资格外活动许可。

受理处：好的。是留学生吧。您想申请资格外活动许可，我把电话换给负责人，请稍等。

木田：您好，电话换过来了。我是负责留学生这块的，我叫木田。是资格外活动许可证的事情吧。今天您能来入国管理局吗？

王伟：可以的，今天准备过去。
木田：好的。我说明一下办手续需要携带的物品，请准备记一下笔记。
王伟：啊，好的，请稍等。笔记本准备好了。请告诉我需要携带哪些物品。
木田：好的。关于携带的物品，共有 6 件。圆珠笔、国民健康保险证、学生证、护照、印章、在留卡。
王伟：好的，明白了。

（入国管理局的一楼）
一层受理处：下一位请到这边来。
王伟：我想办理资格外活动许可证。
一层受理处：首先必须填写手续专用的表格。表格可以从这里拿，您想要几张？
王伟：啊，好的。我想要一张。
一层受理处：好的，这里。请填写好后到二楼的综合咨询台问一下提交到哪里。
王伟：啊，好的。非常感谢。

（二楼的综合咨询台）
王伟：您好。我想办理资格外活动许可证，表格提交到哪里比较好呢？
综合咨询台：您已经填写好了吗？
王伟：是的，填写完了。
综合咨询台：接下来请您抽一张这里的号码。然后请提交到 36 号窗口，在被叫到您抽取的号码之前，请耐心等待。
王伟：好的，明白了。

（在 36 号窗口处）
36 号窗口受理人员：请问您要办理什么？
王伟：这个是资格外活动许可证的申请表，我已经填写完了，想麻烦您帮我办一张资格外活动许可证。
36 号窗口受理人员：（接受表格）好的。请您坐着稍微等一下。
（过了 30 分钟）
36 号窗口受理人员：持有 49 号牌子的是哪一位？请到这边来。
王伟：（举起右手）是我。
36 号窗口受理人员：啊，您是王伟吧。这个是资格外活动许可证，像邮票那么大，已经贴在护照中了。请注意有效期限。有效期限截止到明年的 6 月 2 日，在有效期

截止以前，请提前到这里来更新。
王伟：好的，明白了。非常感谢！

● 解説（かいせつ）

32. に電話を代わる

「に電話を代わる」意为"把电话换给某人来接"。「に」的前面是电话换给的对象。

例1　今、田中に電話を代わりますので、少々お待ちください。/现在，换田中来接电话，请稍等片刻。

例2　担当者に電話を代わりますので、少々お待ちください。/我把电话换给负责人，请稍等。（本文会话）

33. 申す

「申します」的原形是「申す」（五他）。

（1）「申す」是「言う」（说，叫，叫作，称为）、「話す」（讲）、「告げる」（告诉，告知）的谦逊语。谦逊语用于向听话人表示尊敬，以谦逊的态度叙述自己或己方人的动作及行为。

例1　申すことができません。/ 不能说。

例2　田中と申します。/ 我姓田中。

「と」是格助词，表示动作、称谓的内容。「と申します」多用于做自我介绍时。

（2）以补助动词的形式接在带有敬语接头词「お」或「ご」的动词连用形或具有动作性质的体言之后，构成表示动作的敬语。表示自己或己方人做某事。

例1　お願い申します。/ 拜托了。

例2　お願い申しあげます。/ 拜托了。（自谦程度高于上句）

34. 済み

（1）「済み」为名词。原形为「済む」（五自）。「済み」读音为「すみ」，意为"完成，完结，结束；（付款）付讫，付清"。

例1　これでこの仕事は済みにしよう。/ 这项工作到此结束吧。

例2　この品は代済みでした。/ 这个货物款已付讫。

（2）「済み」为接尾词。多接在带动词性的名词后，「済み」读音为「ずみ」。

例1　この情報はもう調査済みです。／这份情报已经调查完了。
例2　この授業は試験済みです。／这门课程考试结束了。
例3　この商品はみな予約済みです。／这种产品已全部订出去了。
例4　この製品はチェック済みです。／这种制品已经检查完了。

35. ていただきたいと思います

「て」前接动词连用形或五段动词音便形，表示想请求对方为自己做某事，比「てもらいたいと思います」更为尊敬对方。「て」前是请求方进行的动作行为，相当于汉语"我想请您……"的意思。

例1　ちょっと手伝っていただきたいと思います。／我想请您帮帮我的忙。
例2　病気にかかったから明日から三日間学校を休ませていただきたいと思います。／因为我生病了，我想从明天起跟学校请假三天。
例3　資格外活動許可証を作っていただきたいと思います。／想麻烦您帮我办一张资格外活动许可证。（本文会话）

36. おかけになって

「おかけになって」的原形为「おかけになる」。以「お+动词连用形+になる」的敬语形式表示对该动作发出者的尊敬。

例　おかけになって少々お待ちください。／请您坐着稍微等一下。（本文会话）

其实就是「おかけになる」变成「て」形后接「少々お待ちください」。值得注意的是「かけ」有两种意思，一种表示"坐"，另一种表示"打（电话）"。因为一般不写汉字，所以要根据上下文来判断具体表示哪一种意思。

37. ていただく

「いただく」作为五段他动词有以下几种用法。
（1）表示顶在头上或上面。
　　例　俱に天を戴かず。／不共戴天。
（2）拥戴，推举。
　　例　池田さんを会長にいただく。／推举池田先生当会长。
（3）「もらう」的敬语形式，表示自谦，意为"领受""拜领""接受""蒙……赐给"等。
　　例　今回はご高配をいただいて誠に有り難うございました。／这次承蒙您给予

照顾，十分感谢！

（4）表示"吃""喝""抽烟"等动作的敬语。

例　社長は既(すで)にタバコをやめています。誰からすすんでもいただきません。/老板已戒烟了，无论谁递烟都不抽。

而「ていただく」是「てもらう」的自谦形式，表示"敬请（您）……""承蒙……"之意。

例　そう思っていただければありがたいです。/若您能这么想的话可真谢谢了。

「ていただける」是「ていただく」的可能语态。

「ていただけませんか」和「ていただけないでしょうか」均意为"能不能请您……""请……好吗"，「か」是询问对方是否同意的终助词。这两种表达比「ていただきます」（请您……）语气更委婉、更恭敬。这三种表达的恭敬程度如下：「ていただきます」＜「ていただけませんか」＜「ていただけないでしょうか」。

五、区役所で（在区役所）

単語（たんご）	中文释义
事務員（じむいん）	办事员
在留カード（ざいりゅうcard）（名）	在留卡（在留卡是日本政府于2012年7月9日正式启用的新的外国人登录制度。其目的是更方便有正规在留资格的外国人，打击不法在留和不法工作）
ちなみに（接）	顺便（说一下），顺带（提一下）
住所（じゅうしょ）（名）	住址
余裕（よゆう）（名）	充裕，宽裕
後程（のちほど）（名）	过一会儿
順番（じゅんばん）（名）	轮流
携帯（けいたい）（名・サ他）	携带；（「携帯電話」的简称）手机
連絡先（れんらくさき）（名）	通讯处，联系地址
電話番号（でんわばんごう）（名）	电话号码
結構（けっこう）（名）	（建筑物等）结构；很好；可以；够了
郵便番号（ゆうびんばんごう）（名）	邮编
しっかり（副ト・サ自）	好好地，充分地；坚固地，牢固地

会話（かいわ）

王偉：あ、すみません。国民健康保険証なんですけど、作ることが可能でしょうか。

事務員：ええ、できますよ。今日、手続きをすれば、在留カードと一緒に、一週間後に、ご住所にお届けします。それまでは、お待ちになってください。

王偉：分かりました。

事務員：ちなみに、国民年金なら、そちらの窓口となりますが。

王偉：分かりました。どうも、ありがとうございます。

事務員：国民年金へのご加入でしょうか。

王偉：ええっと、留学生なので、今は、経済的に余裕はないので、後程、また、お願いしたいです。

王偉：すみません。中国から来たばかりの留学生ですけど、在留カードを作っていただきたいですが。

事務員：在留カードを作りたいのですね。まずこちらの表を全部記入してください。それから、表をもって、あちらの「在留カード」と書いてある窓口まで提出してください。提出時に番号を取って、そちらの座席でお待ちください。在留カードができたら、順番に呼びます。

王偉：分かりました。携帯はまだ持っていないんですが、こちらの連絡先はどう記入すれば宜しいでしょうか。

事務員：学校の電話番号があれば、ここに学校の電話番号を記入していただければ結構です。住所、郵便番号、学校と連絡するための電話番号をしっかりお確かめいただいた上で、記入してください。

王偉：はい、分かりました。

会 话

王伟：啊，不好意思。国民健康保险证可以办吗？

办事员：可以的。今天如办理手续，会将国民健康保险证和在留卡一起在一周之后送到您的住址。在送到之前请等待。

王伟：明白了。

办事员：顺便说一声，国民年金的话，是在那边的窗口（办理）。

王伟：明白了。非常感谢！
办事员：您是要办理国民年金吗？
王伟：那个……我是留学生，目前经济上并不宽裕，所以想之后再麻烦你们（办理）。

王伟：您好，我是刚从中国来的留学生。您能帮我办理一下在留卡吗？
办事员：您想要办理在留卡。首先，请把这里所有的表格填写一下。然后请拿着表格去那边写有"在留卡"字样的窗口提交。提交时请抽号，然后在那边的座位上等待。在留卡做好了，会按顺序叫的。
王伟：明白了。我没有手机，这里的联系方式怎样填写比较好呢？
办事员：如果有学校的电话号码，请在这里填写学校的电话号码就可以。住址、邮编和学校联系的电话号码请仔细确认后填写。
王伟：好的，明白了。

● 解説（かいせつ）

38. ことが可能でしょうか

「ことが可能でしょうか」用于询问对方某事物、状况是否可以达到某种程度，前接动词连体形。

例1　今日中に、この仕事を終わらせることが可能でしょうか。／今天是否可以完成这项工作呢？

例2　国民健康保険証なんですけど、作ることが可能でしょうか。／国民健康保险证可以办吗？（本文会话）

39. てください

「てください」接动词连用形（五段动词音便形）之后，「ください」是「くださる」的命令形，表示请求或带有轻微的命令对方为自己或己方做某事的语气，可用于同辈或同级之间，也可用于长辈对晚辈、上级对下级的情形，意为"请（给我）……"。因「てください」带有轻微的命令口气，所以对尊长一般不用这种句型，而使用「てくださいませんか」这样表示请求的句型，使语气更加委婉，意为"请您（为我做）……"。

例1　お暇のときはどうぞ遊びに来てください。／请你有空时来玩吧。

例2　どうぞ座ってください。／请坐。

例3　前もって知らせてくださいませんか。/能否事先通知我?
例4　まずこちらの表を全部記入してください。/首先，请把这里所有的表格填写一下。（本文会话）

40. ても結構だ

接续助词「ても」或「て」接在动词、形容词、助动词的连用形下，接五段动词音便形后变为「でも」或「で」，后接「結構」，类似于「てもいいです」，意为"可以……""……就行"。

例1　明日は休みだから、早く起きなくても結構です。/明天休息，可以不用早起。

例2　学校の電話番号があれば、ここに学校の電話番号を記入していただければ結構です。/如果有学校的电话号码，请在这里填写学校的电话号码就可以。（本文会话）

41. てある

"他动词连用形（五段他动词音便形）+「てある」"表示该动作完成后的状态持续，即表示该动作的结果持续存在，这种结果是可以看见或感知的，同时可以强烈地感受到动作发出者的存在。在句中使用该形式时，通常将他动词前的「を」改成「が」，相当于汉语的"……着"。

例　地図が壁に掛けてあります。/地图在墙上挂着。

「掛ける」是下一段他动词,「掛けてあります」表示动作的结果持续存在。

例　テーブルの上に腕時計が置いてあります。/桌上放有一块手表。

与上例类似，手表之所以在桌子上，是因为有人事先放上去的。「置いてあります」句型就是要表达这个含义，也就是"放有"。而这个"放"，是人放上的，强调的是人为动作结果持续的状态。

例　表をもって、あちらの「在留カード」と書いてある窓口まで提出してください。/请拿着表格去那边写有"在留卡"字样的窗口提交。（本文会话）

窗口标识"在留卡"是有人事先标注上去的，强调的是人为标注的结果所持续的状态。

他动词的存在态用「てある/てあります」，进行态用「ている/ています」或「ておる/ております」。而自动词进行态与存在态通常用「ている/ています」或「ておる/ております」。「ておる/ております」是「ている/ています」的郑重语。

六、買い物（购物）

単語（たんご）	中文释义
コンビニ（名）	便利店
弁当（べんとう）（名）	盒饭
膳（ぜん）（名）	（饭等的）碗数；（筷子）一双
電子ファイル（でんしファイル）（名）	电子文档
プリントアウト（サ他）	打印，打印输出
プリンター（名）	打印机
見せる（みせる）（下一他）	给看，让看，显示，展现
流れ（ながれ）（名）	流程
差し込み口（さしこみぐち）（名）	插口
挿し込む（さしこむ）（五他）	插入，插到
拡張子（かくちょうし）（名）	后缀名
タッチパネル（名）	触屏
ファイルタイプ（名）	文件种类
選択項目（せんたくこうもく）（名）	选项
それから（接）	然后，接着
出力（しゅつりょく）（名）	（电机、打印机等的）输出
サイズ（名）	（物品的）大小，尺寸
自炊（じすい）（名・サ自）	自己做饭
調理器具（ちょうりきぐ）（名）	厨具，烹饪器具
IH調理機（IHちょうりき）（名）	IH（indirect heating，间接加热）炉，电磁炉
電磁調理器（でんじちょうりき）（名）	电磁炉
フライパン（名）	煎锅，平底炒菜锅
まな板（まないた）（名）	菜板，切板

単語（たんご）	中文释义
包丁（ほうちょう）（名）	菜刀
ステンレスたわし（名）	不锈钢丝刷
たわし（名）	炊刷，炊帚
しゃもじ（名）	饭勺
沢山（たくさん）（副）	很多，许多
随分（ずいぶん）（副ニト）	相当，很，非常
共同浴場（きょうどうよくじょう）（名）	公共浴室，公共浴池
一応（いちおう）（副）	大致，大体；姑且
湯沸かし器（ゆわかしき）（名）	热水器
電気湯沸かし器（でんきゆわかしき）（名）	电热水器
ガス湯沸かし器（ガスゆわかしき）（名）	燃气热水器
洗面台（せんめんだい）（名）	洗漱台
ポリバケツ（名）	塑料水桶
洗濯機（せんたくき）（名）	洗衣机
揃う（そろう）（五自）	聚齐，齐全，具备
インテリア（名）	室内家具，室内装饰
スタンド（名）	台灯
箪笥（たんす）（名）	衣橱
本棚（ほんだな）（名）	书橱
机（つくえ）（名）	桌子，书桌
ソファーベッド（名）	沙发床
枕（まくら）（名）	枕头
掛布団（かけぶとん）（名）	被子
床（ゆか）（名）	地板
カーペット（名）	地毯
敷く（しく）（五他）	铺，铺设
手間（てま）（名）	时间，工夫，劳力
省く（はぶく）（五他）	省，节省
確か（たしか）（形動）	确实
デンソー（DENSO）（名）	日本 DENSO 股份公司
コンセント（名）	插座

単語（たんご）	中文释义
三またソケット（みつまたソケット）（名）	三通插座
間違いない（まちがいない）（词组・形）	没有错，一定，肯定
ゲーム機（ゲームき）（名）	游戏机
エリア（名）	区域，地区
ゲオ（名）	GEO游戏机专卖店
いっぱい（名・副）	一杯，一碗；满，满满当当，很多
レジ（名）	收银台
決済（けっさい）（名・サ他）	结算，支付
バーゲンデー（名）	廉价日，大贱卖日
バーゲンセール（名）→バーゲン（名）	大贱卖，大减价
割引（わりびき）（名）	折扣，减价
JCB（ジェイシービー）（名）	JCB信用卡（日本银行发行的信用卡）
当店（とうてん）（名）	本店
申し込む（もうしこむ）（五他）	报名，申请
イベント（名）	集会；（文娱）活动
時点（じてん）（名）	时点；时刻；时候
既に（すでに）（副）	已经
還付（かんぷ）（名・サ他）	还，返还
ポイントカード（名）	积分卡，会员卡
歯ブラシ（はブラシ）（名）	牙刷
歯磨き（はみがき）（名）	牙膏
イヤホン（名）	耳机
単三電池（たんさんでんち）（名）	五号电池
頂戴（ちょうだい）（名・サ他）	（「もらう」的自谦语）领受，收到
領収書（りょうしゅうしょ）（名）	收条，收据
レシート（名）	收条，收据
愛顧（あいこ）（名・サ他）	惠顾，光临
お越し（おこし）（名）	（敬）来，去

単語（たんご）	中文释义
イオン（AEON）（名）	永旺梦乐城（AEON）
ヨーグルト（名）	酸奶
コーナー（名）	角，拐角；（商品）专柜
札（ふだ）（名）	牌子，告示牌
謝恩セール（しゃおんセール）（名）	酬宾销售
半額（はんがく）（名）	半价
混む（こむ）（五自）	拥挤
レジスター（名）	自动收银机
注文（ちゅうもん）（名・サ他）	预订，订货，订购
宅配（たくはい）（名・サ他）	（将物品）直接送到客人家里
先輩（せんぱい）（名）	先辈，前辈；（比自己）先入学（毕业）的同学；先到工作岗位的同事
応接間（おうせつま）（名）	会客厅
ノートパソコン（名）	笔记本电脑
ネットサーフィン	上网冲浪
受領（じゅりょう）（名・サ他）	领取，收下
空ける（あける）（下一他）	腾出，空出
スーパー（「スーパーマーケット」の略語）（名）	超市
とりあえず（副）	先，首先，姑且，暂时
インスタントラーメン（名）	方便面
我慢（がまん）（名・サ他）	忍耐，克制
明後日（あさって）（名）	后天
インターネットショッピングサイト（名）	购物网站
何故（なぜ）（副）	何故，为什么
心配（しんぱい）（名・サ自他）	担心，挂念
ちゃんと（副）	好好地，有条不紊地
つい（副）	不知不觉地，无意中，不由得
わざわざ（副）	特地，特意
伝える（つたえる）（下一他）	传达，转告
銀行（ぎんこう）（名）	银行

会話（かいわ）

（コンビニでの会話その一）

王偉：この弁当をください。

店員：はい、かしこまりました。袋は必要でしょうか。

王偉：袋は一つお願いします。

店員：かしこまりました。割り箸は何膳にしますか。

王偉：一つで結構です。

店員：かしこまりました。割り箸を（も）一緒に袋に入れましょうか。

王偉：はい、お願いします。

店員：合計金額は520円でございます。他に何か必要なものがありますか。

王偉：いいえ、これだけです。

店員：分かりました。どうもありがとうございました。又お越しください。

（コンビニでの会話その二）

王偉：すみません。電子ファイルをプリントアウトしたいですけど、このプリンターを使ってもいいですか。

店員：はい、大丈夫ですよ。使い方としてはこちらからお見せしますので、お客様もちょっと一緒に来ていただけますでしょうか。

王偉：分かりました。

（プリンターの前で）

店員：ここはプリンターの利用エリアです。プリンターを使う流れとしては、最初に、お客様がお持ちのUディスクをプリンターの差し込み口に挿し込む必要があります。

王偉：はい。ファイルはUディスクの中にあります。拡張子がPDFの形になっています。

店員：はい、では、一度やり方をお見せいたしますので、Uディスクをお借りしてよろしいでしょうか。

王偉：はい、Uディスクはこれです。お願いします。

店員：はい、大丈夫ですか。まず、差し込み口はこちらです。こうしてUディスクをこちらに挿し込みます。（挿し込みました）そうしたら、タッチパネルに、プリンターが認識できるファイルタイプが出てきます。これらを確認してお客様

のファイルの拡張子と合っている選択項目だけを選んで、それから、出力したい紙サイズと出力したい枚数を選択します。ちなみに、お客様は何枚欲しいんですか、それと、必要な紙サイズを教えていただけますか。

王偉：三枚でお願いします。サイズはA4でいいです。

店員：はい、分かりました。

(自炊ができるために)

王偉：日本での生活を始めようと思って、調理器具をいっぱい買いました。

大学寮の管理人：そうですか。どれどれ？

王偉：ええと、IH調理機（電磁調理器）、IH調理機専用のフライパン、まな板、包丁とステンレスたわし、それからしゃもじ…。

大学寮の管理人：ああ、沢山買ったのね。随分高かったでしょう。

王偉：それは、そうですが。自炊するには、これぐらいは必要なんです。

(冬になる前に)

王偉：ここの共同浴場を使いたいが、そこには湯沸かし器がついていますか。

大学寮の管理人：ええ、ここの宿舎なら、大体共同浴場のことで、一応湯沸かし器がついているけれど、電気湯沸かし器よりもガス湯沸かし器の場合が多いですね。中には、洗面台や、ポリバケツ、洗濯機など、いろいろ揃っている。ここの宿舎の部屋は全部インテリア付きで、例えば、椅子、スタンド、箪笥、本棚、机、後（あと）、ソファーベッドもあるよ。ただ、ソファーベッドの場合は、その上には、枕と掛布団が全部ないんだ。これらは、全部、自分で用意するようになっています。床は、カーベットが敷いていないが、冬になると、ちょっと寒いけれど、掃除には手間を省けることが確かなんだ。

[デンソー（DENSO）で買い物]

王偉：すみません。コンセントを探しておりますが。

店員：どんなコンセントをお探しでしょうか。

王偉：三またソケットのあるものが欲しいんですが…。

店員：あ、それですね。ちょっと待ってください。今、探します。（10分後）これで間違いないでしょうか。うちの倉庫には、これ一つしか置いてないんで、これが最後の一個です。

王偉：あ、これです。どうも、ありがとう。あ、それと、家庭用ゲーム機も探してお

　　　　ります。それはどこのエリアで探せばいいでしょうか。
店員：あ、それでしたら、うちには置いてないんですよ。他の店、ゲオとかのゲーム機の専売店で売っているかもしれません。そこで聞いたら何か分かるかもしれません。
王偉：あ、そうですか。どうもありがとう。ここでいっぱい物を買いましたが、玄関のレジで決済すればいいですね。
店員：ええ、そうです。今日はうちのバーゲンデーですので、店内の商品は全部バーゲンセールとなっております。お客様今日ここで買ったものは、すべて40％割引とさせていただきますので、ちなみに消費金額が1万円に達したお客様は、無料で、JCBを一枚当店のほうで直接申し込んでいただけるというイベントをやっております。このJCBをお客様の手に届けた時点に、今日決済していただいた総金額の一部は、既にポイントとしてこのクレジットカードに還付されています。
王偉：はい、分かりました。ご丁寧な説明どうもありがとうございます。
（王偉はレジの所で、レジ担当と話している）
王偉：すみません。お願いします。
レジ担当：はい、ポイントカードはお持ちでしょうか。
王偉：持っておりません。
レジ担当：はい、かしこまりました。それでは、商品をご確認いたしますので、ええと、歯ブラシ一点、歯磨き一点、コンセント一点、イヤホン一点、単三電池8本、全部5点で、合計3 156円でございます。
王偉：はい、4千円です。
レジ担当：はい、かしこまりました。4千円、頂戴いたしました。844円のおつりでございます。はい、こちらはおつりと領収書（レシート）です。いつものご愛顧いただき、ありがとうございます。またのお越し（ご来店）をお待ちしております。

［イオン（AEON）で買い物］
王偉：肉、魚、野菜いっぱい置いてありますね。適当に買っていこうか。後、ヨーグルト一本と卵一箱がほしいなあ。あれ、ここのコーナーの札に「謝恩セールでお客様一人につき、卵一箱58円」と書いてありますね。ええ、そんなに安いのか。そこの札に「刺身半額」と、やすい！これも買っちゃおうか。
（王偉は30分経った後、レジの所に来ました）

王偉：あれ、人がいっぱいでかなり混んでいますね。どうしよう。
店員：お客様、ここの自動レジスターを使って決済できますよ。
王偉：はい、どうも。(そこで決済してみようか)
　　　今日も沢山買いましたから、もう、両手で持ちきれないんだ。お米は今度、インターネットで注文して宅配してもらうしかないかなあ。

(宿舎に戻った王偉、何人かの中国人先輩に挨拶してから、宿舎の応接間に入り、そこで、自分のノートパソコンをインターネットに接続して、ネットサーフィンを始めました)

野村：おう、王さん、今日は帰りは早いですね。学校、行かなかった？
王偉：そうです。来週の月曜（げつよう）に、学生証を受領するために学校に行くことになっています。今日は少し、時間を空けてスーパーに行って、買い物してきたんです。いっぱい買いました。お米は重くて、とても持ち帰れないんで、とりあえず、この二三日はインスタントラーメンで我慢（がまん）しょうかと思っています。今、応接間のインターネットで楽天（らくてん）というインターネットショッピングサイトでお米を注文しているところです。今日注文して、明後日までに着くのでしょう。
野村：あ、そうですか。それはよかったですね。あ、王さん、さっき、中国の両親から電話が入ったよ。日本についてから何故すぐお電話くれなかったかと、今心配しているようです。
王偉：あ、そうだね。最近、自分の生活がちゃんとできるために、ずっと、あれこれと忙しくやってきたので、つい両親と連絡するのを忘れてしまった。わざわざ伝えていただいてどうもすみません。今から、テレビ電話で両親と連絡を取ってみます。ありがとうございました。
野村：王さんはまだ携帯を持っていないの？
王偉：あ、はい、そうです。ごらんのとおりに、不便ですけれど、まだ、在留カードとここの銀行カードを持っていないので、携帯の購入ができないです。明日、ここを管轄（かんかつ）している区役所に在留の手続きしてこようと思って、できれば、明日中に、在留と銀行カードの手続きも一緒に済ましてしまいたいと思っております。

会 话

(便利店会话1)

王伟：请给我这个便当。

店员：好的，明白了。要袋子吗？

王伟：请给我一个袋子。

店员：明白了。筷子您要几双？

王伟：一双就可以了。

店员：明白了。筷子（也）要一起放入袋子里吗？

王伟：是的，麻烦您了。

店员：合计金额是520日元。还有什么其他需要的吗？

王伟：没有了，就这些。

店员：明白了。屡蒙光顾，深为感谢！欢迎下次再来！

(便利店会话2)

王伟：您好，我想打印电子文档，能用一下这里的打印机吗？

店员：好的，可以的。使用方式我给您演示一下，您也能跟我一起来一下吗？

王伟：明白了。

(在打印机前)

店员：这里就是打印机的使用区域了。作为打印机的使用流程，一开始需要把您的U盘插到打印机的插口上。

王伟：好的。文档在U盘里。后缀名是PDF格式的。

店员：好的，接下来，我会演示一下操作方法，能借用一下U盘吗？

王伟：好的。U盘在这里。麻烦您了。

店员：好的，可以了吗？首先，插口在这里。把U盘像这样插入这里。（插好了）于是，触屏上会显示出打印机能够识别的文件种类。在确认这些之后仅选择与您的文件后缀名相符合的选项。然后选择想打印的纸张大小和想打印的张数。顺便问一下，您需要多少张？另外，能告诉我您需要的纸张大小吗？

王伟：请打印三张。A4大小。

店员：好的，明白了。

(为了能自己做饭)

王伟：想开始在日本的生活，所以买了一大堆的厨具。

大学宿舍管理员：是嘛。都有哪些呢？

王伟：嗯，IH 炉（电磁炉）、IH 炉专用平底锅、切板、切刀和金属丝刷，然后还有饭勺……

大学宿舍管理员：啊啊，买了很多东西嘛。很贵吧？

王伟：是的。想自己做饭，是要买这么多东西的。

（冬天来临之前）

王伟：我想使用这里的公共浴室，那边会带有热水器吗？

大学宿舍管理员：嗯，这边的宿舍，大多是公共浴室，热水器有是有，就是比起电热水器来说更多的是燃气热水器吧。浴室里有洗漱台、塑料水桶、洗衣机等，应有尽有。这里宿舍房间都是带家具的。比如，椅子、台灯、衣橱、书橱、书桌，另外，还有沙发床。只不过沙发床的话，床上的枕头和被子是没有的，这些都需要自己准备。地板上没有铺地毯。到了冬天，稍微有些冷，但能节省扫地的时间，这个倒是真的。

（在 DENSO 购物）

王伟：您好，我在找插座。

店员：您要找什么样的插座呢？

王伟：我想要带有三角插孔的插座。

店员：啊，是那种啊。请稍等。我现在去找一下。（10 分钟以后）这个应该没错吧。我们仓库里就只有这一个了。这是最后一个。

王伟：啊，是这个。非常感谢！还有就是，我也在找家用游戏机。家用游戏机在哪个区域找比较好呢？

店员：啊，家用游戏机的话，我们这里是没有的。其他的店，像 GEO 这样的游戏机专卖店可能会有出售。问一下那边的话，应该能知道一些情况吧。

王伟：啊，是嘛。非常感谢！我在这边买了一大堆东西，在大门那边的收银台付钱就可以了，对吧？

店员：是的，没错。今天是本店的商品降价处理日。店内的商品全部都是降价销售。您今天在这里买的东西全部按 6 折给您计算。另外，本店正在搞活动。对于消费金额达到 1 万日元的顾客可以直接在本店办理一张 JCB 信用卡。这张 JCB 信用卡在送到客人手中的那一刻，客人今天支付的总金额中的一部分已经作为积分返还到了这张信用卡上了。

王伟：好的，明白了。谢谢您周到的说明。

（王伟正在收银台和收银员对话）

王伟：不好意思。我想买这些。

收银员：好的，请问您有点卡吗？

王伟：没有。

收银员：好的，明白了。那我确认一下商品。嗯，牙刷 1 把，牙膏 1 支，插座 1 个，耳机 1 副，五号电池 8 节，一共 5 种，总金额 3 156 日元。

王伟：好的，这里是 4 000 日元。

收银员：好的，明白了。收您 4 000 日元。找您 844 日元。您看一下，这里是找的零钱和发票。感谢您一直惠顾本店，期待您再次光临本店。

[在永旺梦乐城（AEON）购物]

王伟：肉、鱼、蔬菜，放了好多东西啊！都适当买一些吧。之后，还想要一瓶酸奶和一箱鸡蛋。咦？这个专柜的牌子上写着："回馈顾客，一位顾客限买一盒鸡蛋，58 日元。"嗯？这么便宜啊！那边的牌子上写着："生鱼片半价。"真便宜！这个我也买了吧。

（过了 30 分钟，王伟来到收银台前）

王伟：咦？人非常多，相当拥挤。怎么办？

店员：这位客人，使用这边的自动收银机也可以付款的。

王伟：好的，多谢了。（在这边尝试一下付钱吧）

今天又买了一大堆东西，已经两只手都拿不下了。大米看来只能通过网上下单让人送上门了啊。

（回到宿舍的王伟和几位中国的学长打了个招呼，就走进了宿舍的会客厅，在那里王伟将自己的笔记本电脑连上了网络，开始了上网冲浪）

野村：哦？小王，今天回来得挺早啊。没去学校吗？

王伟：是的。下周一要去学校领取学生证。今天稍微空出时间去超市买了东西。买了一大堆。大米很重，实在没法带回来，所以打算这两三天暂时靠方便面对付一下。现在正用会客厅的网络在一个叫作"乐天"的购物网站上买大米。今天下单，后天前会送到的吧。

野村：啊，是嘛。不错嘛。啊，小王，刚才你父母从中国打电话过来了。他们很担心，问为什么到了日本之后没有立即打电话给他们。

王伟：啊，对啊。最近，为了能够过好生活，自己一直忙东忙西的，才导致不知不觉地忘记和家里人联系了。非常感谢您能特地来转告我。现在我就用视频电话试着跟

家里人取得联系。谢谢您。

野村： 小王还没有手机吗？

王伟： 啊，是的，没错。如您所见，是很不方便。但我还没有在留卡和这边的银行卡，所以没办法购买手机。我想明天去管辖这片的区役所办理在留手续。如果可以的话，明天还想把在留卡和银行卡手续的问题也一起解决掉。

知识点

日本的很多便利店都配备了打印复印一体机。可以打印的文件类型有很多，比如，PDF、WORD、EXCEL等文档以及各种格式的图片（如JPG等）。为了方便打印，打印复印一体机上还配有U盘插口，这样一来，U盘内的文件就可以被机器识别，通过选择可打印的文件类型，就可以实现快速打印。在打印复印一体机上有文件种类的选项。以U盘内文件为例。在插入U盘后，打印复印一体机的触屏上会显示所有文件，点击自己想要打印的文件种类。比如，选择PDF文件时，触屏上就会只显示U盘内的PDF文件，然后再点击其中要打印的文件名即可。之后就是打印设置了。比如，输出纸张的大小，一般有A4、A3、B5。当选择了纸张大小后可以立即选择打印的张数，最后按下确认按钮就会出现支付费用的提示页面。按照提示金额支付后就可以打印。复印更加简单，只需把原件放在复印的地方，设置纸张大小和张数的环节与打印一样，然后完成支付、取走原件和复印件即可。关于支付，打印复印一体机上有纸币和硬币的投入口，还自带找零功能，操作很方便。

● 解説（かいせつ）

42. 膳

「膳（ぜん）」有"饭食等的碗数""（筷子）一双""小饭桌，食案（进饭菜用的木盘）""食案上摆好的饭菜"等意思。在本课表示筷子的量词"双"。

例1　お箸は三膳でよろしいでしょうか。/筷子准备三双就可以了，对吗？

例2　割り箸は何膳にしますか。/筷子您要几双？（本文会话）

43. ~点

「点」本身有表示"点""分数"等意思。在这里作为量词使用，是指售货员在顾客结账时确认顾客所购买的物品个数及品种数，意为"件""张""种类"等。

例1　衣類3点/3件衣服

例2　墨絵2点/两张水墨画

例3　はい、かしこまりました。それでは、商品をご確認いたしますので、ええと、歯ブラシ一点、歯磨き一点、コンセント一点、イヤホン一点、単三電池8本、全部5点で、合計3 156円でございます。/好的，明白了。那我确认一下商品。嗯，牙刷1把，牙膏1支，插座1个，耳机1副，五号电池8节，一共5种，总金额3 156日元。（本文会话）

44. ことになっている

「ことになっている」接在用言连体形之后，有以下两种意思。（1）表示准备、预定或事先计划好的事，意为"准备……""预定……"；（2）表示别人做出的决定或规定，并非个人能力所能决定的事，意为"决定……""规定……"，并且相应的影响还在，还存续着。

例1　明日の午前に先生と研究のことについて相談することになっている。/预定明天上午与老师商量研究这事。

例2　朝8時までに駅前(えきまえ)に集(あつ)まることになっている。/（别人做出的）决定早晨8点之前到站前集合。

例3　日本語の授業中、日本語で話すことになっている。/规定日语课上讲日语。

例4　来週の月曜(げつよう)に、学生証を受領するために学校に行くことになっています。/下周一要去学校领取学生证。（本文会话）

45. ているところ（だ）

「ところ」是形式名词，此处表示时间。「ているところ（だ）」接在动词连用形（五段动词音便形）之后，表示"正在……""正……的时候"之意。

例1　皆さん休んでいるところだから、静かにしてください。/大家正在休息，请安静。

例2　今、応接間のインターネットで楽天(らくてん)というインターネットショッピングサイトでお米を注文しているところです。/现在正在用会客厅的网络在一个叫作"乐天"的购物网站上买大米。（本文会话）

46. までに

「までに」由副助词「まで」和格助词「に」构成，可表示以下两种意思。

（1）接在体言或用言连体形之后，表示动作、作用到达的终点，意为"到……时候为止""（在）……以前"。

例1　午前8時までに集合しなければならない。/必须在上午8点之前集合。

例2　今日注文して、明後日までに着くのでしょう。/今天下单，后天前会送到吧。（本文会话）

（2）接在用言连体形之后，表示事物发展达到的程度、限度，意为"直到……（的程度）""直到……（的地步）"。

例　運動員の間にはチャンピオンになるために、異常（いじょう）なまでに激（はげ）しい試合（しあい）が行われている。/运动员为了获得冠军而进行异常激烈的比赛。

47. ようだ

「ようだ」为比况助动词，接在用言连体形、"体言+「の」"之后，除了用于比喻，还可以表示不明确的推测之意或委婉的判断，意为"好像是……似的""似乎是……"。本文会话属于后一种情况。「ようです」是「ようだ」的郑重说法。

例1　雨がもうすぐ止（や）むようだ。/雨似乎快要停了。

例2　この靴は丈夫なようだ。/这双鞋似乎很结实。

例3　あ、そうですか。よかったですね。あ、王さん、さっき、中国の両親から電話が入ったよ。日本についてから何故すぐお電話くれなかったかと、今心配しているようです。/啊，是嘛。不错嘛。啊，小王，刚才你父母从中国打电话过来了。他们很担心，问为什么到了日本之后没有立即打电话给他们。（本文会话）

48. とおり

「とおり」为名词，意为"如""像"等。「とおり」接在"体言+「の」"或动词连体形之后，后接「に」「だ」等，表示"按……那样""照……样""的确如……那样""正像……那样"等意思。

例1　蘇州は名園の多い都市だといわれていますが、確かにそのとおりです。/人们说苏州是名园很多的城市，的确如此。

例2　先生が言ったとおりに勉強すれば、学位をとることができる。/如按老师说的那样学习，就能够取得学位。

例3　計画のとおりに科学研究を行う。/按计划那样进行科学研究。

例4　ごらんのとおりに、不便ですけれど、まだ、在留カードとここの銀行カードを持っていないので、携帯の購入ができないです。/如您所见，是很不方便。但我

还没有在留卡和这边的银行卡，所以没办法购买手机。（本文会话）

49. てしまう

「て」为接续助词；「しまう」为五段型补助动词。「てしまう」接在动词连用形（五段动词音便形）后，表示动作完了、完结；或表示造成意外的、消极的、无法挽回的结果。口语中有时用「ちゃう」代替「てしまう」。

例1　その本を読んでしまった。／已经读完了那本书。

例2　早く食べてしまった。／很快吃光了。

例3　荷物を電車の中に忘れてしまった。／把行李忘在电车里了。

例4　うっかりして1駅を乗り越しちゃった。／不小心乘过头了1站。

例5　できれば、明日中に、在留と銀行カードの手続きも一緒に済ましてしまいたいと思っております。／如果可以的话，明天还想把在留卡和银行卡手续的问题也一起解决掉。（本文会话）

七、学生証の受領（领取学生证）

単語（たんご）	中文释义
随分（ずいぶん）（副）	相当，很，非常
授業料（じゅぎょうりょう）（名）	学费
頑張る（がんばる）（五自）	坚持；努力；（鼓劲时的口号）加油
ポスター（poster）（名）	海报；宣传画；广告画
ならば（连语）	如果；假如（断定助动词「だ」的假定形「なら」+接续助词「ば」）
常に（つねに）（副）	常，经常

会話（かいわ）

（王偉は教務室で教務の先生と話している）

王偉：すみません。王偉と申します。中国から来た留学生です。

鈴木：あ、王さんですね。よく来られました。随分(ずいぶん)遠かったでしょう。

王偉：いいえ、そんなことありません。ちょっとお荷物が重かっただけです。今日は学生証を受領(じゅりょう)するために来ました。

鈴木：王さんが、日本に来る前に、既に本校に銀行振込(ふりこ)みで入学費と授業料を支払ったことが分かっています。その領収書を提示して下さい。それから学生証を発行します。

（王偉が領収書を鈴木先生に渡しました）

鈴木：はい、こちらは学生証です。

王偉：どうも、ありがとうございました。

鈴木：これから、勉強のこと、よく頑張ってください。

王偉：はい、分かりました。どうもありがとう。

鈴木：あ、それともう一つ、奨学金(しょうがくきん)に関(かん)してですが、ここ一階の壁(かべ)に、ポスターが貼ってあります。定期的に内容変更(へんこう)となっております。ポスターには留学生向けの奨学金情報が書いてあります。もし、奨学金を申請したいならば、そこのポスターの情報を常に確認するとよいです。

王偉：はい、ご親切なご説明をどうもありがとうございます。

会　話

（王伟正在教务办公室和教务的老师谈话）

王伟：您好！我叫王伟，是从中国来的留学生。

铃木：啊，是小王啊。一路辛苦了。路途很遥远吧？

王伟：不远，只是行李重了一点而已。今天我是来领学生证的。

铃木：小王在来日本之前早已通过银行转账形式向本校支付了入学费和学费了。这个我们是知道的。请出示一下发票，然后我们会发给你学生证的。

（王伟把发票交给了铃木老师）

铃木：这是学生证。

王伟：非常感谢！

铃木：今后，请在学习上多多加油。

王伟：好的，明白了。非常感谢！

铃木：啊，还有一件事，是关于奖学金的事情。在这里一楼的墙壁上贴有海报，定期会有内容的变更。海报上写有面向留学生的奖学金信息。如果想申请奖学金，只要经常确认海报上的信息就可以了。

王伟：好的，非常感谢您的悉心说明。

● 解説（かいせつ）

50. 日语中常用的表示费用的接尾词

例如，有「料」「料金」「賃」「代」「金」「費」「税」等。其中，有些可以互换，有些不可以互换。这些表达方式一般是长期约定俗成的，并无一定的规则。以下列举一些常见的费用表达方式。

「～費(ひ)」。例如：学費/学费，食費/伙食费，会費/会费，交通費/交通费，生活費/生活费，医療費/医疗费，交際費/交际费，教育費/教育费，光熱費/电灯、燃料费。

「～料^{りょう}」。例如：手数料/手续费，授業料/学费，サービス料/服务费，電話料/电话费，水道料/自来水费，使用料/使用费，受信料/电信、电话、电视费，保険料/保险费，通話料/电话费、通话费，診察料/诊费。

「～代^{だい}」。例如：部屋代/房租，ガソリン代/汽油费，電気代/电费，ガス代/煤气费，バス代/公共汽车费，タクシー代/出租车费，携帯電話代/手机通话费，本代/书费，切符代/票价，電話代/电话费，手間代/（计日计时的）工钱。

「～賃^{ちん}」。例如：家賃/房租，運賃/运费，手間賃/工钱，工賃/工钱。

「～金^{きん}」。例如：礼金/礼金（有时租房需向房东付补助金），敷金/（租房时的）押金，奨学金/奖学金，入学金/入学金，保険金/保险金，見舞金/慰问金，寄付金/捐款，補償金/赔偿费，保証金/保证金。

「～料金^{りょうきん}」。例如：水道料金/自来水费，郵便料金/邮费，電気料金/电费，公共料金/公共费用。

「税^{ぜい}」。例如：個人所得税/个人所得税，消費税/消费税，贈与税/赠与税。

51. 留学生向け

「向け」接在名词后面表示"面向""针对"的意思。

例1　子供向けの映画。/面向儿童的电影。

例2　ポスターには留学生向けの奨学金情報が書いてあります。/海报上写有面向留学生的奖学金信息。（本文会话）

52. ならば

「ならば」是"指定助动词「だ」的假定形「なら」+接续助词「ば」"组成的连语词组，接在体言或用言终止形之后，表示"如果……就……""假如……就……"之意。有时与前面的「もし」连用，「ならば」有时可省略「ば」。

例1　明日雨が降るなら（ば）運動会を延期します。/如果明天下雨，运动会就延期。

例2　もし、奨学金を申請したいならば、そこのポスターの情報を常に確認するとよいです。/如果想申请奖学金，只要经常确认海报上的信息就可以了。（本文会话）

八、地下鉄（地铁）

単語（たんご）	中文释义
伺う（うかがう）（五他）	问，听
切符売り場（きっぷうりば）（名）	售票处
駅員（えきいん）（名）	车站工作人员，站务员
機械（きかい）（名）	机器
コイン（名）	硬币
一日乗車券（いちにちじょうしゃけん）（名）	一日乗車券
購入（こうにゅう）（名・サ他）	购买
定期券（ていきけん）（名）	定期票；月票
駅員室（えきいんしつ）（名）	车站办公室

会話（かいわ）

（会話一：普通の地下鉄の切符について）

王偉：すみません。地下鉄の切符を買いたいんですが、購入の仕方（買い方）が分かりませんので、うかがってもいいですか。

駅員：はい。一緒に切符売り場に来てもらえますか。

王偉：はい。

駅員：ここが切符売り場なんですけど。まず、路線図を確認して、どこまで行くかを決めて、そこまでの金額だけをここの投入口に入れると、切符が出ます。

王偉：あ、はい。例えば、本山駅へ行きたいですけど。路線図によりますと、この金額ですので、お金をいれればいいわけですね。

駅員：はい、そうです。この機械で利用できるのは10円、100円、500円のコインと1000円のお札のみです。

駅員：はい、入れてみてください。

王偉：あ、タッチパネルに、購入できる切符のボタンが金額ごとに表示されました。

駅員：そうです。ボタンが緑に変わった場合は、購入できるということになりますので、本山へ行くのでしたら、この金額が必要で、右から左へ、三つ目の緑になったボタンを押してください。そうすると、切符が出てきます。
王偉：あ、はい。今、切符が出てきました。
駅員：はい、出ましたね。他にはまだ何か分からないことがありますでしょうか。
王偉：もう大丈夫です。どうもありがとうございました。

(会話二：一日乗車券について)
王偉：すみません。地下鉄の一日乗車券を買いたいんですが、どうしたらいいでしょうか。
駅員：はい。切符売り場にご案内しましょう。
王偉：はい。ありがとうございます。
駅員：ここが切符売り場ですが。一日乗車券なら、特に路線図にある駅名を気にする必要はありません。一日乗車券は当日限りで大人一枚につきで870円になります。この金額を機械に投入すれば、切符が出ます。
王偉：はい。ここに入れればいいわけですね。
駅員：はい、入れてください。
王偉：今タッチパネルに、一日乗車券の購入ボタンが表示されました。
駅員：それでいいです。こういう場合での切符の買い方は、はじめにお金をここのコイン・札の投入口に入れておく必要があります。そして、この購入ボタンを押すと、切符がでてきます。
王偉：はい、切符は出てきました。おかげさまで助かりました。
駅員：いいえ、どういたしまして。

(会話三：定期券について)
王偉：すみません。ここは駅員室でしょうか。
駅員：はい、そうです。何か困ったことがありますか。
王偉：実は、定期券を買いたいんですが、ここで申し込めばいいですね。
駅員：はい、そうです。定期券のご購入ですね。少々お待ちください。申し込み書を持ってきますので。
王偉：はい。ありがとうございます。
駅員：はい、この申し込み書です。ここに住所と電話番号を書いてください。後、定期券の利用期間と通学区間を記入して出してください。

王偉：はい、すみません。ここの通学区間はなんでしょうか。

駅員：はい、それはある期間内でどこの駅からどこの駅までこの定期券を利用したいかという意味です。駅間の距離が長ければ長いほど、定期券の金額が高くなります。

王偉：はい、分かりました。一か月だけ利用したいのですが、ここの「期間」の所に、「一か月」と書けばいいわけですね。

駅員：それから、利用開始の日付のみを記入してください。後はこちらで処理します。

王偉：あ、はい。できました。これでOKでしょうか。

駅員：はい、大丈夫ですよ。定期券を作りますので、少々お待ちください。

王偉：はい。大丈夫です。

駅員：はい、できました。定期券には利用可能期間、利用区間などの情報が書かれていますので、ご確認ください。

王偉：あ、確（たし）かに。どうもありがとうございました。

会　話

（会话1：关于普通的地铁票）

王伟：麻烦问一下，我想买地铁票，但我不懂购买的方法，能向您打听一下吗？

车站工作人员：好的。能一起来一下车票销售处吗？

王伟：好的。

车站工作人员：这里就是车票销售处。首先，请确认路线图，决定到哪里去，然后在这里的投币口投入那里的金额，车票就会出来。

王伟：啊，好的。比如，我想去本山站，根据路线图来看的话，是这个金额，所以把钱投进去就可以了吗？

车站工作人员：对，没错。这台机器仅能接受10日元、100日元、500日元的硬币及1 000日元的纸币。

车站工作人员：好的，您试一下。

王伟：啊，触屏上显示出了能购买的各种金额的车票按钮。

车站工作人员：对。当按钮变为绿色的时候，表示可以购买。如果要去本山，需要这个金额，请按下从右向左的第三个已变成绿色的按钮。这样的话，车票就会出来。

王伟：啊，好的。刚才车票已经出来了。

车站工作人员：好的，出来了。其他还有什么不清楚的地方吗？

王伟：已经没问题了。非常感谢。

（会话2：关于一日乘车券）

王伟：劳驾，我想买地铁的一日乘车券，该怎么办呢？

车站工作人员：我陪您去车票销售处吧。

王伟：好的。谢谢！

车站工作人员：这里就是车票销售处。如果是一日乘车券，就无需特别注意路线图上的站名。一日乘车券仅限当天使用，购买一张成人票需870日元。把相应金额投入机器，车票就会出来。

王伟：好的。放入这里就可以了，对吧？

车站工作人员：是的，您试一下。

王伟：啊，刚才，触屏上显示出了一日乘车券的购买按钮。

车站工作人员：这样就可以了。在这种场合购买车票，需要一开始就事先向这里的硬币/纸币投币口放入钱，然后再按下这个购买按钮，车票就出来了。

王伟：啊，车票出来了。多亏您的帮助，谢谢您！

车站工作人员：哪里，不客气。

（会话3：关于月票）

王伟：麻烦问一下，这里是车站工作人员的办公室吗？

车站工作人员：没错。您遇到什么问题了吗？

王伟：是这样的，我想买月票。在这里申请就可以了，对吧？

车站工作人员：对，您是要买月票吧。请稍等。我去把申请表拿过来。

王伟：好的，谢谢！

车站工作人员：好了，是这张申请表。在这里填写您的住址、电话号码。之后，请填写月票的使用时间段和通学区间。

王伟：好的，真是谢谢您了！这里的通学区间是指什么呢？

车站工作人员：这个是指您想在某个时日内使用月票从哪个站坐到哪个站的意思。站间距离越远，月票的金额就越高。

王伟：好的，明白了。我只想用一个月，在这里"期间"的地方写上"一个月"就可以了吧。

车站工作人员：然后，请填写开始使用日期，之后就由我们来处理。

王伟：啊，好的。已经写好了。这样就可以了吗？

车站工作人员：是的，没问题。我要制作月票，请稍等一下。

王伟：好的，没关系的。

车站工作人员：好了，已经完成了。月票上写有使用有效期、使用区间等信息，请确认。

王伟：啊，确实是这样的。非常感谢！

● 解説（かいせつ）

53. うかがう

「伺う（うかがう）」是五段他动词，「聞く」（听、问）、「訪ねる」（访问）的敬语的自谦语形式，相当于汉语的"请教""打听""听说""拜访"等意思。

例1　先生、今日午後2時にうかがってもいいですか。/老师，今天下午2点能来拜访您吗？

例2　このことについて、ちょっとご意見をお伺いいたしますが。/关于这件事，我想听一听您的意见。

例3　地下鉄の切符を買いたいんですが、購入の仕方（買い方）が分かりませんので、うかがってもいいですか。/我想买地铁票，但我不懂购买的方法，能向您打听一下吗？（本文会话）

54. によると

「によりますと」及它的简体形「によると」接体言后，表示"基于""根据""按照"。

例1　天気予報によると、明日雪が降るそうです。/据天气预报，明天下雪。

例2　路線図によりますと、この金額ですので、お金をいれればいいわけですね。/根据路线图来看的话，是这个金额，所以把钱投进去就可以了吗？（本文会话）

55. わけだ

「わけ」为名词，接用言连体形，前面多与「から」「ので」「なら」等连用。「わけだ」表示根据客观原因或事实解释得到的结论，相当于汉语的"（按理说）应该……""因此……""当然……""怪不得……"等意思。

例1　休みの日は朝寝坊するから、なんとなく一日が短いと感じるわけです。/休息日睡懒觉，当然总觉得一天很短。

例2　しっかり勉強しないからできないわけです。/因为不好好学习，因此不会。

例3　一か月だけ利用したいのですが、ここの「期間」の所に、「一か月」と書けばいいわけですね。/我只想用一个月，在这里"期间"的地方写上"一个月"就可以了吧。（本文会话）

56. 特に…必要はない

「必要はない」前接"名词+「の」"或者动词连体形，表示"没有必要……""无需……""不必……"。「必要はない」与「必要がない」意思类似，但前者其中的「は」为副助词，用于提示"必要"这一主题，并加强对其否定的语气。

例1　今はもう卒業しているので、学生時代みたいに毎日勉強する必要はない。/现在已经毕业了，没必要像学生时代那样每天学习了。

「特に…必要はない」的敬体是「特に…必要はありません」，表示"无需特别……"的意思。

例2　このソフトの開発は、他の会社に委託されているので、特に自社で開発する必要はありません。/这个软件的开发已经被委托给其他的公司了，所以无需自己公司特别去开发。

例3　特に路線図にある駅名を気にする必要はありません。/就无需特别注意路线图上的站名。（本文会话）

57. ておく

「おく」是五段他动词，此处作补助动词，与助词「て」连用而成的「ておく」接在意志动词连用形（五段动词音便形）之后，表示预先做好准备或保持每种状态或对事物放任不管。「ておきました」表示已经做好了准备。

例1　明日の授業を予習しておく。/将明天的课程预习好。

例2　学位論文を完成するために、前もって関する資料を揃えておく必要がある。/为了完成学位论文，有必要事先备齐相关资料。

例3　その問題をそのままにしておきます。/那个问题不用管它。

例4　初めにお金をここのコイン・札の投入口に入れておく必要があります。/需要一开始就事先向这里的硬币/纸币投币口放入钱。（本文会话）

58. どういたしまして

「どういたしまして」是当对方对自己表示感谢或道歉时，自己谦虚地向对方表示回应的寒暄语，相当于汉语的"哪里哪里""哪儿的话呢""岂敢岂敢""不敢当""不用谢"等意思。

例　甲：どうもありがとうございました。/甲：谢谢您。
　　乙：いいえ、どういたしまして。/乙：不，哪儿的话。

九、JR（Japan Railways）

単語（たんご）	中文释义
JR（名）	JR，是日本铁路（Japan Railways）的简称。负责运营除新干线以外的各类铁路线路
アルバイト（名・サ自）	工读；半工半读；打工
周辺（しゅうへん）（名）	周边
発車時間（はっしゃじかん）（名）	发车时间
具合（ぐあい）（名）	状况；情况；合适（与否）；方便（与否）
パンフレット（名）	（宣传、广告等的）小册子
国鉄（こくてつ）（名）	（日本「国営鉄道」的简称）国营铁路
前身（ぜんしん）（名）	前身
乗り場（のりば）（名）	（乘坐车船的）车站，码头

会話（かいわ）

（JR駅内で）

王偉：すみません。JRの切符を買いたいですが、ここでもいいですか。

出札係：ここの窓口でもいいです。また、そこの自動切符売り場でもいいですよ。

王偉：実は、アルバイトするために、名古屋周辺の蟹江(かにえ)という駅に毎週3回ぐらい行くことになりました。それでちょっとうかがいますが、毎日の発車時間には変わりがないでしょうか。

出札係：実は、それは、毎日、変わっているんですよ。例えば、蟹江いくなら、月、水、金この三日は朝の6時45分から夜の11時半まで一日20本(ぼん)あるんですよ。火、木は朝の6時35分から夜の11時20分まで一日20本あるんです。平日は、

15分ごとに一本到着しますが、土日は、少し本数が少ないですよ。最終は大体一緒で23時20分か23時30分到着するという具合です。具体的には、こちらのパンフレットをご参照いただければと思います。

王偉：どうもありがとうございます。では、いただきます。ちなみに、JRは国鉄でしょうか。

出札係：JRは実は前身は国鉄で、今は民営化されています。

王偉：あ、そうですか。勉強になりました。後、すみませんが、蟹江駅に行くには、どちらの乗り場でしょうか。

出札係：蟹江駅なら、三番か四番乗り場となっております。四番乗り場は「四日市ゆき」となっております。三番はちょっと覚えていないんですが、宜しければ、乗り場で運転手や乗務員に一度聞いていただければと思います。

出札係：それから、後15分で発車時間ですので、気を付けて行ってください。

王偉：はい。どうも。

会 话

（JR车站内）

王伟：您好，我想买JR的车票，在这里买也可以吗？

售票员：在这边的窗口也可以买的。另外，在那边的自动售票处也可以买的。

王伟：是这样的，为了打工，我每周三次左右去名古屋周边的一个叫作蟹江的车站。然后问一下，每天的发车时间是固定的吗？

售票员：啊，实际上发车时间每天是有变化的。比如，去蟹江的话，周一、周三、周五这三天从早上6点45分到夜里11点半，一天有20班。周二、周四从早上6点35分到夜里11点20分，一天有20班。平时是每隔15分钟到达一班，周六、周日班次稍微少一些。末班车情况大致一样，23点20分或23点30分到达。具体请参照这里的小册子。

王伟：啊，非常感谢！那我收下了。顺便问一下，JR是国营铁路，对吗？

售票员：JR实际上前身是国营铁路，现在已经民营化了。

王伟：啊，是这样的啊，长见识了。然后，麻烦问一下，去往蟹江站的话是去哪个站台乘车呢？

售票员：如果去蟹江站的话，应该去三号或四号站台。四号站台是"去往四日市"的。三号站台有点记得不是很清楚，如果可以的话，请在站台问一下电车司机或乘务员。

售票员： 还有，再过15分钟就是发车时间了，请路上小心。
王伟： 好的，多谢！

> **知识点**
>
> 关于ICOCA卡和SUIKA卡的使用
>
> 　　除了以上传统的买票乘车方式，还有一种类似国内IC卡的乘车方式，这里要介绍的是日本的ICOCA卡和SUIKA卡。这两种卡都可以用来乘坐普通交通工具（如地铁、巴士等）。ICOCA卡是由JR西日本发行的，而SUIKA卡是由JR东日本发行的。除了个别特殊的交通工具，它们都能在日本的交通工具上使用。乘坐交通工具时，把卡靠近检票机的自动感应器进行识别，以此来减少购买车票的时间。这两者的实体卡是分区域办理的，ICOCA卡是由JR西日本发行的，只能在JR西日本各车站的绿色窗口，或者带有ICOCA卡标志的自动售票机购买或充值。ICOCA卡和SUIKA卡初次使用时，需要在卡内存入500日元作为押金，可反复充值，即充即用。而SUIKA卡是由JR东日本发行的，可在JR东日本主要车站的多功能售票机（带有"SUIKA"字样）、JR售票处、JR东日本旅行服务中心购买或充值。两种卡都可以在APPLE WATCH和iPhone（iPhone 7以上的版本）上绑定钱包，一旦绑定成功，每次乘车时，只要打开APPLE WATCH或iPhone的钱包，找到该卡，就可以直接到检票机的感应器上扫码。关于退卡，ICOCA卡可到JR西日本各车站绿色窗口办理。退卡时，需交纳手续费220日元，该笔手续费可以从余额中扣除，并退还剩余未使用的金额及500日元押金。SUIKA卡只能在JR东日本所辖车站办理退卡。退还SUIKA卡时，将退还卡中未使用的金额和500日元押金，并从余额中扣除220日元的手续费。这两种卡还可用于便利店购物等。

● **解説（かいせつ）**

59. ておる・ている

　　有2种用法。（1）接在他动词连用形后，表示动作、行为正在进行；（2）接在自动词连用形后表示动作、行为的状态持续存在。「ておる」是「ている」的郑重语，「ており」是「ている」的中顿形。相当汉语的"正在……""……着"等意思。

　　例1　大雨が降っています。／下着大雨。
　　（「降る」是五段自动词，表示"下雨的动作"持续进行的状态）

例2　ここであなたを待っています。／我在这儿等着你。
（「待つ」是五段他动词，表示动作正在进行）

例3　ここであなたを待っております。／我在这儿等着你。
（「ておる」是「ている」的郑重语）

例4　日本の東側は太平洋に面しており、西側は日本海と東海に臨んでいます。／日本东临太平洋，西临日本海和东海。（「臨む」是五段自动词。「臨んでいます」表示"临"的状态持续存在）

例5　名古屋周辺の蟹江という駅に毎週3回ぐらい行くようになっております。／我每周三次左右去名古屋周边的一个叫作蟹江的车站。（本文会话）

「なる」是五段自动词。「なっております」表示某种样态持续存在。

60. 勉強になる

「勉強になる」意为"得到教益，有收获，长见识"。

例1　あ、そうですか。勉強になりました。／啊！是吗？长见识了。（本文会话）

例2　いい勉強になりました。／得到了很大的教益。

十、公共バス（巴士）

単語（たんご）	中文释义
バス（名）	巴士，公共汽车
競馬場（けいばじょう）（名）	跑马场；赛马场
降りる・下りる（おりる）（下一自）	（从高处）下来；（从交通工具）下来
アナウンス（名・サ他）	广播，报告，通知；公告，宣布，通告
発車（はっしゃ）（名・サ自）	发车；开车
足元（あしもと）（名）	脚下

会話（かいわ）

（公共バス停）

王偉：すみません。ちょっと伺いますが、このバスは、入国管理局へ行きますでしょうか。

バス運転手：あ、入国管理局ですね。競馬場というバス停（てい）で降りてください。

王偉：はい、おいくらでしょうか。

バス運転手：200円でございます。

王偉：すみません。お金はどこに入れればいいでしょうか。

バス運転手：あ、ここの機械に入れていただきます。

王偉：あ、はい、どうもありがとうございます。

バス運転手：競馬場のアナウンスがあれば、ボタンを押してください。下りる人がいないと通過しますので、注意してください。では、発車いたしますが、少し揺（ゆ）れますので、ご注意くださいますようお願い申し上げます。

（競馬場のバス停（てい）に着きました）

アナウンス：次は、競馬場です。
（王偉がボタンを押した）
バス運転手：競馬場に着きました。バスを降りる際（さい）に足元にお気を付けてください
　　　　　　ますようお願い申し上げます。

会　話

（公交站）
王伟：您好，我想问一下。这辆公交车去入国管理局吗？
巴士驾驶员：啊，入国管理局啊。请在赛马场那站下车。
王伟：好的，请问要多少钱？
巴士驾驶员：要 200 日元。
王伟：不好意思，钱放到哪里比较好？
巴士驾驶员：啊，请放到这个机器里。
王伟：啊，好的，非常感谢！
巴士驾驶员：如果有到达赛马场的播音，请按按钮，如果没有人下车的话就直接通过了，还请注意。我发车了。会稍微有些摇晃，请注意。

（公交车到达了赛马场的公交停靠点）
播音：下一站是赛马场。
（王伟按下了按钮）
巴士驾驶员：车已到达赛马场。下车时请注意脚下安全。

> **知识点**
>
> 　　以上巴士乘坐场景可以考虑使用 ICOKA 卡和 SUIKA 卡，可以大幅度减少购票时间。

● 解説（かいせつ）

61. ばいい

　　「ば」是接续助词，此处表示假定，接动词假定形，表示"（如果）……就好"

"……就可以""最好（是）……"。

例1　私はもっと勉強すればよかったと思うのです。／我想如果再用功点就好了。

例2　すみません。お金はどこに入ればいいでしょうか。／不好意思，钱放到哪里比较好？（本文会话）

62. ようお願い申し上げます

「よう」表示愿望、请求，希望对方能做到某种程度、样子。「お願い申し上げます」表示请做某事，敬语的级别很高，多见于对客户、顾客提出请求时。

例　発車いたしますが、少し揺れますので、ご注意くださいますようお願い申し上げます。／我发车了。会稍微有些摇晃，请注意。（本文会话）

63. 際に

「際に」意为"……的时候""当……之际""……的情况时"，多用于书面表达。表示在某一特殊时间或某一非常时期做什么事情。

例1　お降りの際に（は）、お忘れ物のないようにご注意ください。／请注意下车时别忘了随身携带的物品。

例2　バスを降りる際に足元にお気を付けてくださいますようお願い申し上げます。／下车时请注意脚下安全。（本文会话）

十一、新幹線（新干线）

単語（たんご）	中文释义
新幹線（しんかんせん）（名）	新干线，是日本高速铁路系统，类似于中国的高铁
買う（かう）（五他）	买
東京行き（とうきょうゆき）（名）	去往东京
旅行社（りょこうしゃ）（名）	旅行社
ツアー（名）	旅游；短途旅行
とこ（名）	（「ところ」的口语表达）地方，处
代行（だいこう）（名・サ他）	代为办理；代理
若しくは（もしくは）（接）	或者，或
青春18切符（せいしゅんじゅうはちきっぷ）（名）	青春18车票
春休み（はるやすみ）（名）	春假
夏休み（なつやすみ）（名）	暑假
冬休み（ふゆやすみ）（名）	寒假

会話（かいわ）

（新幹線の切符売り場に近い旅行社窓口で）

王偉：すみません。新幹線で東京へ行きたいのですが、切符はここで買えばいいでしょうか。

旅行社のスタッフ：東京行きですね。ここは旅行社です。ツアーを含めての料金となっておりますので、少々高いですが、宜しいのでしょうか。

王偉：あ、ツアーはしないんですけど、ただ、東京にいる友達のとこに遊びに行くだけです。

旅行社のスタッフ：あ、そうですか。ツアーなしで新幹線切符の購入代行サービスは、ここはやっていないんです。もし、友達の所に遊びに行くだけでしたら、近くの新幹線の切符売り場へお越しいただいて、そこの自動切符売り場若しくはみどりの窓口で新幹線切符を購入できますよ。
王偉：あ、そうですか。ご説明、どうもありがとうございました。では、やはり直接に新幹線の切符売り場に行きます。
旅行社のスタッフ：はい、そうしてください。

（JR新幹線みどりの窓口で）
王偉：すみません。東京行きの新幹線の切符を買いたいんですが、ここでもいいでしょうか。
JR新幹線窓口のスタッフ：はい、いいですよ。
王偉：一人ですが、おいくらでしょうか。
JR新幹線窓口のスタッフ：11 000円になります。
王偉：ええ？ちょっと高いですね。JRでも東京に行けるって友達から聞いたんですが、大体2 000円ぐらいで済むってことで、もし新幹線ではなくて、JRで行くならばどうすれば宜しいでしょうか。
JR新幹線窓口のスタッフ：今、おっしゃった友達の話では、恐らく、青春18切符のことだと思います。毎年の春休み、夏休み、冬休みになるやや前から、普通はそれより一か月前から購入できるようになっています。JRの切符売り場や窓口で購入するのは一般的ですが、すぐ売り切れる場合がございますので、ご注意ください。
王偉：丁寧にご説明いただいて本当にどうもありがとうございます。
JR新幹線窓口のスタッフ：いいえ、とんでもないです。

会　話

（在离新干线售票处较近的旅行社窗口）
王伟：您好，我想乘新干线去东京。可以在这里买车票吗？
旅行社工作人员：是去往东京的，对吧？这里是旅行社。这边的费用是包括观光在内的。稍微贵一点，您能接受吗？
王伟：啊，我不旅游，只不过是去东京的朋友那边玩而已。
旅行社工作人员：啊，是这样啊。我们这边没有那种不含旅游仅代购新干线车票的服

务。如果只是去朋友那边玩的话，您可以去近处的新干线售票处。在那边的自动售票处或者绿色窗口可以买到新干线车票。

王伟：啊，是这样啊。非常感谢您的说明。那我还是直接去新干线售票处吧。

旅行社工作人员：好的，请便。

(在 JR 新干线绿色窗口)

王伟：您好，我想买去往东京的新干线车票。这边也可以，对吗？

JR 新干线窗口工作人员：嗯，这边也可以的。

王伟：就我一个人。请问多少钱？

JR 新干线窗口工作人员：要 11 000 日元。

王伟：啊啊？有点贵啊。从朋友那边听说乘坐 JR 也能去东京的，差不多 2 000 日元左右就可以了。如果不乘新干线，而是乘坐 JR 去的话，应该怎么办才好呢？

JR 新干线窗口工作人员：刚才您所说的朋友告诉您的很有可能是指青春 18 车票。在每年进入春假、暑假、寒假稍许之前，一般假期开始一个月之前就可以购买了。一般在 JR 的售票处或窗口购买。但存在很快就卖完的情况，还请注意。

王伟：真的非常感谢您的悉心说明！

JR 新干线窗口工作人员：哪里哪里。

> **知 识 点**
>
> **青春 18 车票和金券店**
>
> 　　青春 18 车票通票一般 5 张一起卖（一整张通票包含 5 张车票），每张 2 370 日元，所以一整张通票是 11 850 日元。在规定期间可任选 5 天（一天之内无论乘车到哪里、进出站多少次仅消费 1 张车票），凭当日的车票，可无限搭乘 JR 全线的普通与快速列车。这 5 天中每次初次进站时，站务员会在当天的车票上盖上章。使用青春 18 车票可以在途中下车，且不会影响当天的车票使用。每次出入站时只要把当天第一次进站盖过章的车票出示给站务员检查即可。该票可以到 JR 的绿色窗口购买。该票最大的优点是单张价格远低于新干线的价格。在使用期限内未用完的车票还可以卖给金券店（「金券ショップ」），金券店会根据持券人卖给他们的时间以一定折扣付钱给持券人。持券人在使用期限内，所持未使用车票越多，卖给金券店时间越早，从金券店拿到的钱就会越多。而这种金券店一般能在 JR 附近找到。但 JR 对于不熟悉路线和站点的乘客来说会有些麻烦，比如，笔者初次使用青春 18 车票去东京的时候，乘坐的列车并不是直达东京的，途中换乘了六七次，因此要确认好换乘站点。

解説（かいせつ）

64. なし

「なし（無し）」是名词，意为"无""没有"。「…なしで」表示"在没有……的情况（状况）下"。

例1　今日の仕事は残業なしで終了します。／今天的工作在没有加班的情况下结束。

例2　ツアーなしで新幹線切符の購入代行サービスは、ここはやっていないんです。／我们这边没有那种不含旅游仅代购新干线车票的服务。（本文会話）

65. お越しいただく

「お越し」由「越す」的连用形「越し」加敬语接头语「お」组成，是「行く」「来る」的尊敬语，通常用于说话人向"去""来"的听话人表示敬意的说法。常用「お越しいただく」「お越しくださる」「お越しになる」等形式，表示"请去……""请来……"的意思。

例1　ちょっと応接間までお越しくださいませんか。／请到会客室坐坐好吗？

例2　近くの新幹線の切符売り場へお越しいただいて、そこの自動切符売り場若しくはみどりの窓口で新幹線切符を購入できますよ。／您可以去近处的新干线售票处。在那边的自动售票处或者绿色窗口可以买到新干线车票。（本文会話）

十二、自転車（自行车）

単語（たんご）	中文释义
自転車（じてんしゃ）（名）	自行车
ネット販売（ネットはんばい）（名・サ自）	网络销售
コミュニケーション（名）	报道；交流
手頃（てごろ）（名・形动）	正合适；正相当
値段（ねだん）（名）	价格，价钱
探す（さがす）（五他）	找，寻找
載る（のる）（五自）	登载，刊登
赤色（せきしょく）（名）	赤色，红色
かご（名）	筐；篮；笼
ランプ（名）	灯
在庫（ざいこ）（名・サ自）	库存，存货
クレジットカード（名）	信用卡
代引き（だいびき）（名）	货到付款；一手交钱一手交货
コンビニ受け取り（コンビニうけとり）（名）	便利店取货
一括払い（いっかつばらい）（名・サ他）	一次性付款
分割払い（ぶんかつばらい）（名・サ他）	分期付款
のみ（副助）	只有；只是；唯有……而已
クリック（名・サ他）	点击
ウェブシステム（名）	页面系统；网络系统
プレゼント（名）	礼品；赠品
キャンペーン（名）	宣传活动
意思（いし）（名）	意思；想法；打算
チェック（名）	划上记号；核对
発送（はっそう）（名・サ他）	发送
登録証明書（とうろくしょうめいしょ）（名）	登记证明书；备案证明

単語（たんご）	中文释义
鍵（かぎ）（名）	钥匙
セット（名）	套；付
到着（とうちゃく）（名・サ自）	到，到达，抵达
不具合（ふぐあい）（名）	不良品；不合适；不方便
間違う（まちがう）（五他）	弄错

会話（かいわ）

（自転車ネット販売会社との電話コミュニケーション）

王偉：すみません。手頃な値段の自転車を探しております。

スタッフ：はい、希望の値段について、お教えいただけないでしょうか。

王偉：はい。男性用のもので10 000円前後のものが欲しいんですが。

スタッフ：はい。かしこまりました。ちなみに、今、本社のページをご覧になっていますでしょうか。商品の一覧ページには、商品ごとに、商品番号、商品の写真、値段が載っており、写真の下には、更に、規格も詳しく紹介されているので、お気に入りのものあれば、その商品番号を教えていただけますか。

王偉：はい、商品番号はJ12345で、写真では、赤色の自転車で、前かごと、ランプもついています。ただ、男性用か女性用かは確認できないんですが、写真の下には16 000円と値段がついています。

スタッフ：はい。この自転車がお気にお入りですね。この自転車は、今、在庫があります。ただ、中古品となっておりますが、これでよろしいでしょうか。

王偉：それで結構です。こちらをご注文させていただきたいと思います。支払方法をお教えいただけないでしょうか。

スタッフ：はい。支払方法は三つあります。クレジットカード支払と、代引き、それと、コンビニ受け取りもあります。クレジットカードで支払の場合は、一括払いと分割払いの二つの方法が選べます。代引きは物流会社が商品発送を委託された時点に発生する手数料が商品本体の価格にプラスした金額になります。商品がお客様の住所に届いた時にお客様が支払うという支払方法です。コンビニ受け取りは、お客様が選定したコンビニに商品が届きます。それと同時に、商品のコンビニ受け取り通知書もお客様のご住所に届きます。お客様がご自

分自身でその通知書を持ってコンビニに行って商品を受け取ります。その場合、商品本体の金額のみの値段になります。どちらにされますでしょうか。

王偉：あ、はい。やはりコンビニ受け取りがよさそうですので、コンビニ受け取りにしたいと思います。具体的には、どうすればいいですか。

スタッフ：はい。まず、商品写真の下に「今すぐ注文」というボタンがあります。そこをクリックしてください。

王偉：はい。クリックしました。

スタッフ：そうしましたら、次の画面が出てきます。今、そのページがご覧になれますでしょうか。

王偉：ええ、商品の詳細と金額、後、確定ボタンも出ました。あ、確定ボタンの上に「登録して注文を確定」と「登録せずに注文」との二つのラジオボタンがでました。

スタッフ：そうですね。ちなみに、お客様は初めて当店のウェブシステムのご利用でしょうか。

王偉：はい、そうです。

スタッフ：あ、そうですか。登録せずに、そのまま、注文したいというお客様は「登録せずに注文」の所をクリックしてからそのまま「確定」ボタンをクリックすればご注文が確定できます。実は、今初めてのご利用で登録されたお客様には、プレゼントを一つ差し上げるキャンペーンをやっております。

王偉：登録せずに注文すると、プレゼントを貰えないですね。

スタッフ：はい、そうですね。それは別に強制的なものではないですから、すべてお客様のご意思で決めていただきます。

王偉：ええと、では、やはり登録せずに注文を確定したいと思います。

スタッフ：はい、分かりました。では、「確定」を押していただければ結構です。

王偉：今、確定しました。

スタッフ：はい。そうしましたら、住所と連絡先などを記入していただく個人情報のページが次に出てきます。まず、住所、郵便番号、携帯番号を記入し、それから「この住所に届けてください」という所にチェックを入れて、最後に「完了」というボタンを押していただければ結構でございます。

王偉：はい。ええっと、入力するには、ちょっと時間がかかりそうなので、少しお待ち願えませんか。

スタッフ：はい。大丈夫ですよ。

王偉：個人情報をすべて入力して完了ボタンを押しました。

スタッフ：あ、はい。これで注文の受付が完了となります。あと、ご入力いただいた情報を確認させていただきます。もし問題がありませんでしたら、すぐ商品を発送いたします。商品には警察署へ登録済みの登録証明書と、鍵などセットでついております。商品到着後に、商品に何か不具合や間違った場合は到着後2週間以内に本店にお知らせいただきますようお願い申し上げます。商品到着までには4日か5日かかると思いますが、しばらくお待ちくださいますよう、お願い申し上げます。

王偉：はい。どうもありがとうございました。

スタッフ：こちらこそ、どうもありがとうございました。

（商品コンビニ受け取り通知書が届いたのち、商品を受取りにコンビニに通知書を持っていく）

王偉：すみません、これをお願いしたいんですが。（通知書を店員に見せて）

店員：（通知書を確認した後）はい、商品の受け取りですね。少々お待ちいただけますでしょうか。

王偉：はい。

店員：商品はこちらでございます。間違いないでしょうか。

王偉：はい、間違いありません。

店員：はい、金額は16 000円でございます。

王偉：はい、こちら、20 000円でお願いします。

店員：はい、2万円たしかに頂戴いたします。では4 000円のおつりです。

王偉：はい、どうもありがとうございます。

店員：あ、お客様！まだです。こちらは領収書です。

王偉：あ、そうそう。もうちょっとで忘れる所だった。どうもありがとうございます。

会　话

（与自行车网络销售公司进行电话沟通）

王伟：您好，我在找价格适中的自行车。

工作人员：啊，您能告诉我你期望的价位是多少吗？

王伟：好的，我想买男性骑的，价格在1万日元左右的。

工作人员：好的，明白了。顺便问一下，现在您在看本公司的页面吗？商品一览页面上

按各个商品分别标有商品编号、图片、价格，图片的下方还详细介绍了规格。如果有您中意的商品，麻烦您告诉我商品编号。

王伟：好的。商品编号是J12345，看图片的话，是一辆红色的自行车，有车篮，也有车灯。只是不能确定是男性骑还是女性骑。图片下方标注的价格是16 000日元。

工作人员：好的，您是看中了这款自行车啊？这款自行车现在有库存。但是是二手的，您决定要买这款吗？

王伟：这款就可以了。就买这款。关于支付方式，能否请教一下？

工作人员：好的。支付方式有3种。信用卡和货到付款，之后还有便利店领取（时付款）。用信用卡支付的时候，有一次性付清和分期付款两种方式可选。货到付款是指商品送达客户住址时由客户承担的一种支付方式。金额包括物流公司受委托发送商品的手续费和商品本身的费用。便利店领取（时付款）是指商品到达客户指定的便利店的同时，商品便利店领取通知单也会送到客户住所。之后由客户亲自拿着领取通知单去便利店取货，此时只需支付商品本身金额即可。您选哪种呢？

王伟：哦，好的。还是便利店领取似乎比较好，所以我想用便利店领取方式付款。具体怎么操作比较好呢？

工作人员：首先，商品图片的下方有一个"立即下单"的按钮。请点击那里。

王伟：好的，点击了。

工作人员：然后，下一个页面会跳出来，现在您看到那个跳出来的页面了吗？

王伟：看到了。商品的详细内容和金额，之后确定按钮也出来了。啊，确定按钮的上方出现了"注册后确定下单"和"不注册进行下单"两个单选按钮。

工作人员：嗯嗯。顺便问一下，您是第一次使用本店的网络系统吗？

王伟：是的，没错。

工作人员：啊，这样啊。不进行注册，而想直接下单的客户点击"不注册进行下单"，然后直接点击"确定"按钮即可下单。实际上，现在（本公司）正在搞活动，向初次注册下单的客户赠送一件礼品。

王伟：不注册下单的话，是不能拿到礼品的，对吧？

工作人员：是的，是这样的。这个没有什么强制性，都是根据客人的意愿决定的。

王伟：嗯，那我还是想"不注册进行下单"。

工作人员：啊，好的。那您点一下"确定"就可以了。

王伟：刚才确定过了。

工作人员：好的。然后接下来会出现个人信息页面，需要客人填写住址和联系方式等。首先，请填写住址、邮编、手机号，然后在"请送到这个住址"的地方标记

（打勾），最后点击"完成"就可以了。

王伟：好的。嗯，看来输入需要花点时间，能稍微等我一下吗？

工作人员：好的，没关系的。

王伟：我已经输好了个人信息，并点击了完成按钮。

工作人员：啊，好的。这样下单的受理就全部完成了。之后，我们确认客人输入的信息。如果没有问题，会马上发货的。商品带有在警署注册完毕的注册证明书和钥匙一套。商品送达后，如果存在缺陷或有发错物品的情况，请在商品送达后两周之内通知本店。商品送达会花费4~5天时间，请耐心等待一下。

王伟：好的。非常感谢！

工作人员：哪里哪里，我才要好好感谢您。

（商品便利店领取通知单送到后，将通知单带去便利店取货）

王伟：不好意思，这个能麻烦您吗？（给店员看通知单）

店员：（确认完通知单后）啊，是领取商品吧。能稍微等一下吗？

王伟：好的。

店员：商品在这里。没有错吧？

王伟：是的，没有错。

店员：好的，金额是16 000日元。

王伟：好的，这里是20 000日元。

店员：好的，收您20 000日元。找零4 000日元。

王伟：好的，非常感谢！

店员：啊，客人，还没好。这是发票。

王伟：啊，对的对的。差点就忘了。非常感谢！

● 解说（かいせつ）

66. ご覧になっていますでしょうか

「ご覧になる」是「見る」的敬语形式，用于对对方的"看""观赏"行为表示尊敬。「ご覧になっています」表示对方的"看""观赏"行为正在进行中，即"正在看""正在观赏"。而「でしょうか」表示疑问，意为"……吗？"，比「ですか」更委婉，敬意程度较高。「ご覧になっていますでしょうか」意为"您在看……吗？"

例　ちなみに、今、本社のページをご覧になっていますでしょうか。/顺便问一

下，现在您在看本公司的页面吗？（本文会话）

67. お気にお入りです

「お気にお入りです」是「気に入る」的敬语表示，意为"看中"。

例　この自転車がお気にお入りですね。／您是看中了这款自行车啊？（本文会话）

68. ご注文させていただきたいと思います

「ご注文させていただく」是サ变动词「注文する」的敬语形式，属于敬语程度最高级别，表示自谦。以"「ご」+サ变动词词干+「する」／「いたす」"的形式表示自谦。把「する」／「いたす」换成「させていただく」，自谦程度最高。按照自谦程度从低到高的顺序来排列：「注文する」（普通）→「ご注文する/いたす」（中度，其中「いたす」的自谦程度较「する」稍高）→「ご注文させていただく」（最高）。而「たいと思います」接在动词连用形后面，表示说话人想做某事。

例　こちらをご注文させていただきたいと思います。／就买这款。（本文会话）

69. どちらにされますでしょうか

「される」（下一他）是「する」（サ他）的敬语形式，是「する」的未然形「さ」下接敬语助动词「れる」而成的「される」，表示"做""干"等。「どちらにされますか」是「どちらにするか」「どちらにしますか」的敬语形式，表示尊敬，尊敬程度较后面两者稍高。做出该动作行为的主体应该是值得尊敬的。为了在敬语表达上前后一致，「される」要改为「されます」。而「でしょうか」表示疑问，意为"……吗？"，比「ですか」来得更委婉，敬意程度较高。会话中的「どちらにされますでしょうか」意为"您选哪种呢？""您确定哪种呢？"

例　どちらにされますでしょうか。／您选哪种呢？（本文会话）

70. プレゼントを一つ差し上げます

「差し上げます」的原形是「差し上げる」。「差し上げる」与「あげる」均表示自谦，意为"给""送给"等。通常用于表示下位者向上位者、自己或己方人在对方给予或向对方赠送某种物品时表示谦恭之意。「差し上げる」比「あげる」的谦恭程度要高得多。「差し上げる」与「あげる」均可作为补助动词，以"［动词连用形］+「て差し上げる」""［动词连用形］+「て上げる」"的形式，表示给别人做某种动作。

而做这种动作对于动作的接受者是有益的，但前者的谦恭程度远高于后者。"［动词连用形］+「てやる」"通常用于对同辈、晚辈、动植物做的动作。

　　例1　こちらで、一度、この機械をチェックして差し上げましょうか。/要不让我来为您检查一次这台机器吧？

　　例2　今初めてのご利用で登録されたお客様には、プレゼントを一つ差し上げるキャンペンをやっております。/现在（本公司）正在搞活动，向初次使用的注册客户赠送一件礼品。（本文会话）

　　另外，「差し上げる」还可以作为单独的词汇使用，表示"举起""举高"。

　　例　旗を高々と差し上げる。/把旗帜高高举起。

71. よさそうだ

　　「そうだ」「そうです」均为样态助动词。样态助动词用来表示讲话者根据眼前的样子、情形、状态、趋势等推测、预料是这种情况。「そうです」是「そうだ」的郑重说法。「そうだ」「そうです」接在动词、动词活用型的助动词的连用形、形容词和形容动词以及形容词活用型助动词的词干后面，意为"好像要……""似乎……""……似的""看来好像……"。

　　例1　降る（五段）→降りそうだ（そうです）
　　例2　起きる（上一段）→起きそうだ（そうです）
　　例3　負ける（下一段）→負けそうだ（そうです）
　　例4　面白い（形容词）→面白そうだ（そうです）
　　例5　丈夫だ（形容动词）→丈夫そうだ（そうです）

　　但形容词「ない」和「よい」与「そうだ」相连接时，要在词干后加「さ」再接「そうだ」，而成为「なさそうだ」「よさそうだ」。

　　例1　あのりんごはあまくなさそうだ。/那个苹果看起来不甜。
　　例2　これはよさそうなボールペンです。/这支圆珠笔似乎很好用。
　　例3　やはりコンビニ受け取りがよさそうですので、コンビニ受け取りにしたいと思います。/还是便利店领取似乎比较好，所以我想用便利店领取方式付款。（本文会话）

72. お知らせいただく

　　お知らせいただく是「知らせる」的敬语表达形式。以"「お」+动词连用形+「いただく」"的形式表达对动作发出者的尊敬，意为"请（为我）……""恳

请……""承蒙……"等。比如文中,「知らせる」(通知,告知)属于一段动词,它的连用形是「知らせ」,通过"「お」+「知らせ」+「いただく」"的形式表达对「知らせる」这个动作发出者的尊敬,比「知らせてください」「お知らせください」的尊敬程度都高。按照尊敬对方的程度从低到高来排列:「知らせてください」(普通)→「お知らせください」(中度)→「お知らせいただきます」(最高)。如与サ变动词结合时,一般采用"「ご」+サ变动词词干+「いただく」"的形式。

例1 この字の読み方をお教えいただきます。/请教给我这个字的读法。

例2 間違ったところをご訂正いただきます。/请纠正错了的地方。

例3 商品到着後に、商品に何か不具合や間違った場合は到着後2週間以内に本店にお知らせいただきますようお願い申し上げます。/商品送达后,如果存在缺陷或有发错物品的情况,请在商品送达后两周之内通知本店。(本文会话)

73. これをお願いしたいんですが

「これ」指代大家都已经知道的或有目共睹的事物。「お願いしたい」是由「お願いする/します」后接助动词「たい」构成的,表示想麻烦您(为我)做某事。与中文中提及做某动作时较为具体的这种情况不同,日文中的「する」可以代替很多上文中提及的具体动作。例如:——今から掃除しますか。——ええ、そうしてください。/——现在开始打扫吗?——是的,请打扫。而「これをお願いする/します」经常用于向店员提出购物需求时,相当于「これをください」。

例 これをお願いしたいんですが。(通知書を店員に見せて)/这个能麻烦您吗?(给店员看通知单)(本文会话)

十三、携帯電話の手続きをする
(办理手机手续)

単語（たんご）

単語	中文释义
携帯ショップ（けいたいしょっぷ）（名）	手机专卖店
定休日（ていきゅうび）（名）	固定休息日，公休日
避ける（さける）（下一他）	躲避；避开，错开；避免
アイフォーン（名）	iPhone 智能手机，苹果手机
流行（りゅうこう）（名・サ自）	流行；时髦
契約（けいやく）（名・サ他）	契约，合同
プラン（名）	计划；方案；手机套餐
バージョン（名）	（电脑程序等的）版本
ホワイト（名）	白色
ブラック（名）	黑色
好み（このみ）（名）	爱好；嗜好；希望
決まり（きまり）（名）	决定
どっち（代）	（「どちら」的口语表达）哪边；哪一个
つまり（副）	就是说，即，总之
無料（むりょう）（名）	免费
やはり（副）	仍然，还是
勧める（すすめる）（下一他）	劝告，建议，推荐
少々（しょうしょう）（副）	稍微，少许，一点儿

会話（かいわ）

（携帯ショップの定休日を避けて営業日に携帯の契約の手続きをしましょう）

王偉：すみません。携帯電話を買いたいのですが。契約のことについて伺いにきました。

店員：あ、はい、どうぞ、こちらへ。
王偉：あ、はい。
店員：どんな機種を探しておられるのでしょうか。
王偉：最近は、アイフォーンが流行っているから、アイフォーン14の値段と契約のことについて伺いたいんですが。
店員：アイフォーン14ですね。はい、こちらはそのプランです。バージョンは最新の14です。ホワイトとブラックの二種類があります。お好みの色についてはお決まりがあるのでしょうか。
王偉：ええと、色はどっちでもいいんですが、値段のほうは、ちょっと、気になっております。
店員：分かりました。こちらのプランをちょっとご覧になっていただきたいと思います。機械本体は11.98万円となっております。もし、こちらのプランにご加入であれば、毎月の基本料金は2 970円となっておりますが、最初の半年、つまり最初の6か月間はこの基本料金は無料になります。いかがでしょうか。
王偉：はい、これが安いですね。機械本体の購入ですが、やはり現金ででしょうか。
店員：いいえ、クレジットカードでもOKです。個人的には、一括払いよりも、分割払いのほうをお勧めします。
王偉：分かりました。やはりこれにします。現金で支払いさせていただきます。
店員：分かりました。契約機ですので、キャッシュカードと在留カードまたはパスポートを拝見させていただいてもよろしいでしょうか。
王偉：はい、こちらです。
店員：はい、では、手続き完了するまで、少々、おかけになって、お待ちください。
王偉：はい。

会　話

(避开手机专卖店的固定休息日，在工作日去办理手机的签约手续)
王伟：您好，我想买手机。过来是想问一下关于签约的事情。
店员：啊，好的，请这边坐。
王伟：啊，好的。
店员：您想要什么样的机型呢？
王伟：最近 iPhone 很流行，所以我想问一下 iPhone14 的价格和签约的事情。
店员：您是想选 iPhone14 啊。好的，这边是它的套餐。版本是最新的第 14 代。有白色

和黑色两种。关于喜欢的颜色，您想好选哪一种了吗？

王伟：嗯。颜色哪种都可以，就是对价格有点在意。

店员：明白了。请看一下这边的套餐。机器本身的价格是 11.98 万日元。如果您选这个套餐，每月的基本话费是 2 970 日元。最初的半年，也就是说，最初的 6 个月这个基本话费是免费的。您觉得怎么样？

王伟：嗯，这个挺便宜的。想问一下机器本身的购买，还是需要用现金的吧？

店员：不是的，使用信用卡支付也是可以的。比起一次性付清，我个人更加推荐分期付款的方式。

王伟：明白了。还是选这个。我想用现金付款。

店员：好的。由于是合约机，我想确认一下您的银行卡和在留卡或护照，可以吗？

王伟：好的，在这里。

店员：好的。那在手续完成之前，请您稍坐一会儿，等待一下。

王伟：好的。

● 解説（かいせつ）

74. に来く/に行く/に帰る

格助词「に」前面接动词连用形（包括动词性名词），表示为了做某事而发生的三种移动行为（「来く」/来、「行く」/去、「帰る」/回）。

例1　これから、銀行へ貯金に行きます。/接下来要去银行存钱。

例2　李さんは京都へ遊びに行きます。/小李要去京都玩。

例3　今日の授業に使う教材を家に忘れたので、急いでそれを取りに帰りました。/因为今天上课要用的教材忘在了家里，所以急忙回来取了。

例4　携帯電話を買いたいのですが。契約のことについて伺いにきました。/我想买手机，过来是想问一下关于签约的事情。（本文会话）

75. 方（ほう）

「方（ほう）」是形式名词，在句子里主要起语法作用，很少有独立的意义。用于比较，相当于"这一方面"。

例1　私はりんごより梨の方がすきです。/与苹果相比，我喜欢（吃）梨子。

例2　値段はなるべくやすい方がいいです。/价钱尽量便宜为好。

例3　色はどっちでもいいんですが、値段のほうは、ちょっと、気になっており

ます。/颜色哪种都可以，就是对价格有点在意。（本文会话）

76. ご覧

「ご覧（ごらん）」是「見る」的尊敬语。表示"看""观赏""请看"。「ご覧」可与「になる」「くださる」「になっていただく」「になっていただきたいと思う」组合使用：「ご覧になる」「ご覧くださる」等，用于说话人恭敬地请听话人"看""观赏"等。恭敬程度如下：「になる」≈「くださる」<「になっていただく」<「になっていただきたいと思う」

例1　ご覧のとおり、この景勝地は美しい。/正如您所见，这个风景区很漂亮。
例2　この書道作品をご覧ください。/请看这幅书法作品。
例3　こちらのプランをちょっとご覧になっていただきたいと思います。/请看一下这边的套餐。（本文会话）

77. となる

这里的「…となる」是指「名詞+格助詞と+なる」，有时强调变化的结果。
例1　水は氷となった。/水结成了冰。
例2　もしこの切符は途中駅で降りると、無効となります。/如果途中从车站下车，这车票就失效了。
例3　機械本体は11.98万円となっております。/机器本身的价格是11.98万日元。（本文会话）

而「…になる」，这里指「名詞+格助詞に+なる」，有时强调变化的过程。「…となる」相比，强调的侧重点有所不同。
例　水は氷になった。/水变成了冰。

还有一种情况，「…となる」与「…になる」中的格助词「に」和「と」虽可互换，但并不表示侧重点的不同。
例　もし、こちらのプランにご加入であれば、毎月の基本料金は2 970円となっておりますが、最初の半年、つまり最初の6か月間はこの基本料金は無料になります。/如果您选这个套餐，每月的基本话费是2 970日元。最初的半年，也就是说，最初的6个月这个基本话费是免费的。（本文会话）

上例中，「無料になります」可以改写成「無料となります」，但并不表示侧重点的不同。而「2 970円となっております」不宜改写成「2 970円になっております」。

78. をお勧めする

用「お…する」或「お…します」的形式，将动词连用形插入中间，构成一种自谦的敬语表达形式。「勧める」表示"推荐""建议"。「をお勧めします」表示说话人谦恭地建议（推荐、劝告）对方做某事。

例　個人的には、一括払いよりも、分割払いのほうをお勧めします。/比起一次性付清，我个人更加推荐分期付款的方式。（本文会話）

79. 宜しい

「宜しい」是「よい」的郑重语，是向对方表示恭敬的敬语表现形式，意为"好；适当，恰当；没关系；可以，行"等。

例1　今から、ここに積んである商品をピッキングしても宜しいでしょうか。/从现在开始，可以把堆在这里的商品进行整理分类吗？

例2　契約機ですので、キャッシュカードと在留カードまたはパスポートを拝見させていただいてもよろしいでしょうか。/由于是合约机，我想确认一下您的银行卡和在留卡或护照，可以吗？（本文会話）

十四、銀行で手続きをする（在银行办理手续）

単語（たんご）	中文释义
休日（きゅうじつ）（名）	休息日，休假日
平日（へいじつ）（名）	平日，节假日以外的日子
郵貯（ゆうちょ）（名）	邮储
口座（こうざ）（名）	户头
キャッシュカード（名）	现金卡
普通預金（ふつうよきん）（名）	活期存款
氏名（しめい）（名）	姓名
印鑑（いんかん）（名）	图章
通帳（つうちょう）（名）	银行账本，存折
印影（いんえい）（名）	（图章的）印迹，印痕
カバー（名）	封皮，外壳
裏（うら）（名）	背面，里侧
返す（かえす）（五他）	归还，退还，送回（原处）
後日（ごじつ）（名）	以后，日后，今后
届く（とどく）（五自）	到达，送到
ATM（名）	自动取款机
引き出す（ひきだす）（五他）	引出；提取
手数料（てすうりょう）（五他）	手续费

会話（かいわ）

（王偉は休日を避けて平日を選んで郵貯銀行へ手続きに行く）

王偉：すみません。留学生ですが、口座を開設したいのですが。

銀行員：はい、こちらは申請表です。ご記入ください。

王偉：はい。ここには選択項目がありますが、普通預金でよろしいのでしょうか。

銀行員：はい、普通預金でお願いします。
王偉：名義人はどう書けばいいのでしょうか。
銀行員：はい、そこをお客様の氏名をフルネームでお願い申し上げます。
王偉：はい、記入しました。
銀行員：在留カードと印鑑をお持ちでしょうか。
王偉：はい、持っております。こちらです。
銀行員：はい、通帳も一緒に作っておきますから。印影(いんえい)の記(しるし)を通帳のカバーの裏に残しますが、印鑑をちょっとお借りしてよろしいでしょうか。
王偉：はい、大丈夫です。
銀行員：よろしいのでしょうか。
王偉：あ、はい。こちらです。
銀行員：それから、在留カードを確認させていただきたいですが、ちょっとお借りしてもよろしいでしょうか。
王偉：はい。こちらです。
(銀行員が在留カードを確認しました)
銀行員：はい、在留カードをお返しいたします。印影(いんえい)を通帳に反映するまでは少々お時間が必要なので、少々お掛けになってお待ち願います。
王偉：はい、分かりました。
(暫く立った後)
銀行員：お客様、通帳ができました。キャッシュカードは今日お客様が書かれた住所に後日届きますので、しばらく日数がかかります。
王偉：どうもありがとうございました。
銀行員：ちなみに、当銀行のキャッシュカードは全国の郵貯銀行のATMで手数料無料で引き出すことができますが、コンビニやスーパーにあるATMからの引き出しは手数料は必要となっております。時間帯によって、手数料が違いますが、その詳細はATMに表示されていますので、そこをご参照になれればと思います。
王偉：あ、どうもありがとうございました。

会　话

(王伟避开休息日，选择平日去邮储银行办理手续)
王伟：您好。我是留学生。我想开户。
银行工作人员：好的，这是申请表。请填写一下。

王伟：好的，这里有选项，选择活期存款就可以了，对吗？

银行工作人员：是的，请填写活期存款。

王伟：名义人怎么写好呢？

银行工作人员：啊，那里填写您的姓名，请用全名。

王伟：好的，填写好了。

银行工作人员：您带在留卡和印章了吗？

王伟：带了，在这里。

银行工作人员：好的。银行账本我们也会一起办理的。印章的印迹会保留在银行账本的外壳里侧。能借用一下您的印章吗？

王伟：好的，没关系的。

银行工作人员：可以吗？

王伟：啊，好的。在这里。

银行工作人员：之后，我想确认一下在留卡，能借用一下吗？

王伟：可以。在这里。

(银行工作人员确认了在留卡)

银行工作人员：好了。在留卡还给您。要看到印章的印迹显示在银行账本上需要一些时间，请坐着稍微等一下。

王伟：好的，知道了。

(过了一会儿)

银行工作人员：客户，银行账本做好了。银行卡以后会寄到您今天写好的住所，暂需一些时日。

王伟：非常感谢。

银行工作人员：顺便说一下。我们银行的银行卡在全国邮储银行的 ATM 机可以取款，免手续费。但在便利店或超市的 ATM 机上取款，则需要手续费。根据取钱时间段的不同，手续费也会有所不同。有关详细说明在 ATM 机上有显示，希望能参照那儿的说明。

王伟：啊，非常感谢！

● 解说（かいせつ）

80. 接续助词「が」

可连接两个并列或相互关联的句子，可表示单纯的接续，有时仅仅是为了讲后面的

一句话，有时是为了提起一个话题。

例1　すみませんが、ちょっとお待ちくださいませんか。/对不起，请您稍等一会儿好吗？

例2　私は藤田ですが、何か御用ですか。/我是藤田，您有什么事情？

例3　ここには選択項目がありますが、普通預金でよろしいのでしょうか。/这里有选项，选择活期存款就可以了，对吗？（本文会话）

81. ちょっと

「ちょっと」是副词，相当于汉语的"稍微""一下""一点儿"。

例1　もうちょっと左を向いてください。/请稍微向左一点儿。

例2　印影の記を通帳のカバーの裏に残しますので、印鑑をちょっとお借りしてもよろしいでしょうか。/印章的印迹会保留在银行账本的外壳里侧。能借用一下您的印章吗？（本文会话）

82. ご参照になれればと思う

"动词假定形「ば」+と思います"等于「ばいいと思います」，省略了「いい」这个部分，表示"如能……就好了""希望能……"的意思。

例　その詳細はATMに表示されていますので、そこをご参照になれればと思います。/有关详细说明在ATM机上有显示，希望能参照那儿的说明。（本文会话）

十五、電気の手続きをする（办理用电手续）

単語（たんご）

単語	中文释义
引っ越す（ひっこす）（五他）	搬家，迁居
電気代（でんきだい）（名）	电费
スタッフ（名）	工作人员
住所（じゅうしょ）（名）	住址，地址，住所
都合（つごう）（名）	方便，合适
代わる（かわる）（五自）	（电话）转接
押す（おす）（五他）	按，压
参る（五他）	（「行く」「来る」的自谦语）来，去

会話（かいわ）

（電力会社への連絡）

王偉：すみません。中部電力でしょうか。

電力会社のスタッフ：いつもご利用ありがとうございます。こちらは中部電力です。ご用件は何(なん)でしょうか。

王偉：実は、こちらに新しく引っ越してきた者なのですが、部屋に電気がついていますけれど、電気代をどこに払えばいいのかはちょっと分からないので、電話しました。

電力会社のスタッフ：はい。それでしたら、担当者に電話を代わりますので、少々お待ちください。

担当者：お電話を代わりました。担当の梅田(うめだ)と申します。よろしくお願いします。電気代のお支払のことですね。まず、お客様の住所をお教えください。

王偉：はい、名古屋市昭和区八事富士見(やごとふじみ)1600 長谷川荘(はせがわそう)199号室です。

担当者：はい、分かりました。それでは、一度そちらを訪問したいと思いますが、お

客様のご都合はいつがよろしいでしょうか。
王偉：はい、明日の午後なら空いています。
担当者：はい、分かりました。それでは、明日の午後、2時から3時の間、こちらのスタッフがそちらに伺いますので、ご在宅のほうをお願い申し上げます。
王偉：分かりました。

（電力会社のスタッフの来訪(らいほう)）
中部電力のスタッフ：こんにちは、はじめまして。中部電力の前田(まえだ)と申します。
王偉：こんにちは。お世話になっております。
中部電力のスタッフ：お世話になっております。実は電気代のお手続きのことで参りました。こちらは、申し込み書ですが、これにお客様の銀行口座番号を記入していただいて、最後にサインと印鑑をおしていただけば、毎月、お客様の銀行口座から自動的に電気代が引き落とされるようになります。
王偉：これでよろしいでしょうか？（すべての情報を記入してからサインをして印鑑をおした。）
中部電力のスタッフ：はい、これで手続きのほうが完了です。

会　话

（联系供电公司）
王伟：您好，请问是中部电力吗？
供电公司工作人员：感谢您的一直使用，这里是中部电力，请问您有什么需要帮助的吗？
王伟：是的。我刚刚搬到这里。房间里是有电的，但我不清楚电费交到哪里，所以才打电话向你们咨询一下。
供电公司工作人员：好的。接下来我把电话转给负责人。请稍候。
负责人：电话已转接。我是负责人，我叫梅田。请多多包涵。您是问电费的支付问题吧。首先，请您告诉我一下您的住址。
王伟：好的。名古屋市昭和区八事富士见1600长谷川庄199室。
负责人：好的，知道了。接下来，我们想去上门拜访一下。您什么时候比较方便？
王伟：嗯，明天下午都有空。
负责人：好的，明白了。接下来，明天下午2点到3点之间，我们的工作人员会去拜访您，所以请您待在家里。

王伟：明白了。

（供电公司工作人员来访）
中部电力工作人员：您好，初次见面，我是中部电力的前田。
王伟：您好。承蒙关照。
中部电力工作人员：承蒙关照。是这样的，我是为电费缴纳手续的事情而来的。这是申请表。您在上面写上您的银行账号，最后再签个字、盖个章，电费就会每个月自动从您的银行账号扣除的。
王伟：这样可以吗？（填写好所有的信息，又签了字、盖了章）
中部电力工作人员：可以，这样手续就完成了。

● 解説（かいせつ）

83. 電気がついている

「電気がついている」有两个意思：（1）灯开着；（2）配有电，有电。

例　実は、こちらに新しく引っ越してきた者なのですが、部屋に電気がついていますけれど、電気代をどこに払えばいいのかはちょっと分からないので、電話しました。/是的，我刚刚搬到这里。房间里是有电的，但我不清楚电费交到哪里，所以才打电话向你们咨询一下。（本文会话）

84. のほう

「ほう」本来是表示方向的名词，但近来提示相关事件的用法逐渐多起来，尤其多出现在商店、饭店、宾馆等服务场所，成为待客时一种较礼貌的说法。

例1　刺し身のほうは食べますか。/生鱼片您吃吗？
例2　ご注文のほうはお決まりですか。/订什么货，您决定了吗？
例3　明日の午後、2時から3時の間、こちらのスタッフがそちらに伺いますので、ご在宅のほうをお願い申し上げます。/明天下午2点到3点之间，我们的工作人员会去拜访您，所以请您待在家里。（本文会话）
例4　はい、これで手続きのほうが完了です。/可以，这样手续就完成了。（本文会话）

85. 参る

「参る」为五段自动词，是「行く」「来る」的自谦语。

例1　先生、お見舞いに参りました。／老师，我来看望您了。

例2　すぐ参りますから、少々お待ちください。／马上就去（来），请稍等。

例3　お世話になっております。実は電気代のお手続きのことで参りました。／承蒙关照。是这样的，我是为电费缴纳手续的事情而来的。（本文会话）

十六、光ファイバーブロードバンドの手続きをする（办理光纤宽带手续）

単語（たんご）	中文释义
コミュファー光（コミュファーひかり）（名）	（Commufa 光）日本一家光纤通信公司名（简称：光纤通信公司）
キャンペン（名）	宣传活动
月々（つきづき）（名・副）	月月，每月
放題（ほうだい）（接尾）	（接在动词连用形后表示）随便；无限制地
後程（のちほど）（副）	随后；以后；过一会儿
工事（こうじ）（名・サ自）	工程；施工
伺う（うかがう）（五他）	（谦）请教；拜访
住まい（すまい）（名）	寓所，住处
アドレス（名）	地址
八事（やごと）（名）	（地名）八事
LAN（Local Area Network）（名）	局域网
ケーブル（名）	缆索；（有线电视）电缆
空く（あく）（五自）	有空隙，有空，有工夫
手配（てはい）（名・サ自他）	筹备，安排
在宅（ざいたく）（名・サ自）	在家
接続（せつぞく）（名・サ自他）	连接；衔接
完了（かんりょう）（名・サ自他）	完了，完成，完毕
集合住宅（しゅうごうじゅうたく）（名）	集体住宅
さっそく（副）	立刻，马上，尽快
検索（けんさく）（名・サ他）	检索，查阅

会話（かいわ）

王偉：すみません。コミュファー光でしょうか。

コミュファー光のスタッフ：はい、そうです。コミュファー光です。

王偉：インターネットを利用したいんですが、料金のことが気になっており、ちょっとお伺いしてもいいですか。

コミュファー光のスタッフ：ええ、コミュファー光のインターネットは、今キャンペーンやっています。ご加入の場合は、最初の一年は月々の利用金額は4 070円となっております。その後は毎月4 620円となっており、しかも、この金額で毎月使い放題の定額ということです。

王偉：あ、そうですか。NTTなどよりやすいですね。ええと、契約（けいやく）を結（むす）びたいですが、どうすればよろしいのでしょうか。

コミュファー光のスタッフ：お客様は今、携帯電話をお持ちでしょうか。もし契約をお考えでしたら、のちほど、本社の工事の担当者がそちらにちょっと伺いますので、その際の連絡先が必要となっておりますが、いかがでしょうか。

王偉：はい、では、私の携帯の番号を申し上げます。09060895041です。

コミュファー光のスタッフ：はい、分かりました。お客様の今のお住（す）まいについてちょっとご確認させていただきたいですが。

王偉：はい。アドレスは名古屋市昭和区八事富士見（やごとふじみ）1600長谷川荘（はせがわそう）199号室です。部屋内の壁に、LANケーブルを差し込むための差し込み口がついてます。

コミュファー光のスタッフ：はい、かしこまりました。では、本社の者がのちほどちょっと伺いますので、お客様はいつのご都合はよろしいのでしょうか。

王偉：今日と明日全日（ぜんじつ）空いていますので、この二日間ならどんな時間帯でも大丈夫です。

コミュファー光のスタッフ：分かりました。では、本社の者に今日の午後の3時から4時の間にお客様のご住所に行くように手配いたしますので、その間は、ご在宅のほどお願い申し上げます。

王偉：はい、分かりました。

コミュファー光のスタッフ：もう一点ですが、本社の者はご到着した後、まず、工事環境を確認いたします。つまり、壁にはLANケーブルを接続するための所があるかどうか。そして、もし、ある場合は、工事は、大体30分で終わります。それからインターネットの設定をさせていただきます。それで、すべては完了（す）になります。ちなみに、お客様が今お住まいになっているのは集合住宅でしょ

　　　　　うか。
王偉：はい、集合住宅です。
コミュファー光のスタッフ：分かりました。では、今日午後伺いますので、よろしく
　　　　　お願い申し上げます。
王偉：はい、では、お待ちしております。
（スタッフが工事をしてから設定を終えたので、インターネットが利用できるように
なりました。それで、王偉はさっそくインターネットでガス会社と電力会社の連絡方
法を検索しました）

会　话

王伟：您好，请问是光纤通信公司吗？
光纤通信公司工作人员：是的，我们是光纤通信公司。
王伟：我想使用互联网，对于费用这块有点在意，能问一下吗？
光纤通信公司工作人员：好的。光纤通信的互联网现在正在搞活动。如果您参加的话，
　　　　　最初一年每月的费用是4 070日元。之后每个月的费用是4 620日元，而且，每
　　　　　月使用流量不限。
王伟：啊，是这样的啊。比起NTT等公司都便宜。嗯，我想签约，应该怎么办才好呢？
光纤通信公司工作人员：您现在使用手机吗？如果您考虑签约的话，本公司的安装人员
　　　　　要登门拜访，为此需要您的联系方式，可以吗？
王伟：好的，那我报一下我的手机号码吧。手机号码是09060895041。
光纤通信公司工作人员：好的，明白了。我想确认一下您现在的住址。
王伟：好的。地址是名古屋市昭和区八事富士见1600长谷川庄199室。房间内的墙壁
　　　　　上有供插入局域网线的插口。
光纤通信公司工作人员：好的，明白了。本公司的工作人员会在之后拜访您。您什么时
　　　　　间比较方便？
王伟：今天和明天整天都有空，这两天任何时间段都是没问题的。
光纤通信公司工作人员：明白了。今天下午3点到4点之间想安排本公司的工作人员去
　　　　　拜访府上，所以烦请该时间段您待在家里。
王伟：好的，明白了。
光纤通信公司工作人员：另外还有一点，本公司的人员在到达以后会首先进行安装环境
　　　　　的确认，也就是说要确认墙壁上是否有能连接局域网线之处。如果确实有的话，
　　　　　安装大概30分钟会结束。之后会由该工作人员进行因特网的设置。在那之后就

全部结束了。顺便问一下，您现在居住的地方是集体住宅吗？
王伟：是的，是集体住宅。
光纤通信公司工作人员：明白了。那今天下午就会去拜访府上，还请多多关照。
王伟：好的，那我在家静候。
(工作人员进行了安装，完成了设定，可以使用因特网了。于是，王伟尽快用互联网搜索了煤气公司和供电公司的联系方式)

● 解説（かいせつ）

86. 気になる
「気になる」接动词连用形后，有两种意思：①"担心""挂念""惦记"；②"有意""想要""产生兴趣"。
例1　成功できるかどうかが気になる。/担心会不会成功。
例2　彼の仕事ぶりが気になっています。/对他的工作情况放心不下。
例3　その物語の結局が気になる。/很想知道那个故事的结局。
例4　インターネットを利用したいんですが、料金のことが気になっており、ちょっとお伺いしてもいいですか。/我想使用互联网，对于费用这块有点在意，能问一下吗？（本文会话）

87. 放題
「放題」是接尾词，接在动词连用形后表示"随便""无限制地"。
例1　食べ放題/随便吃
例2　飲み放題/随便喝
例3　取り放題/随便拿
例4　その後は毎月4 620円となっており、しかも、この金額で毎月使い放題の定額ということです。/之后每个月的费用是4 620日元，而且，每月使用流量不限。（本文会话）

88. 契約を結ぶ
「契約を結ぶ」意为"订合同"。
例　契約を結びたいですが、どうすればよろしいのでしょうか。/我想签约，应该怎么办才好呢？（本文会话）

89. 如何

「如何（いかが）」是副词及形容动词，相当于汉语的"如何""怎么样""可以吗"。

例1　ご機嫌はいかがですか。/您好吗？

例2　もう一ついかがですか。/再来一个怎么样？

例3　本社の工事の担当者がそちらにちょっと伺いますので、その際の連絡先が必要となっておりますが、いかがでしょうか。/本公司的安装人员要登门拜访，为此需要您的联系方式，可以吗？（本文会话）

90. 終助詞が

「が」作为终助词使用时接在句末，有以下两种用法：

（1）表达一种愿望或惋惜的心情。

例1　明日は雨が降らないといいが。/明天如果不下雨就好了。

例2　昨日出発の時間を十分間早めたら遅刻したわけはないだが。/昨天如果提前10分钟出发，就不会迟到。

（2）表示含蓄、委婉的叙述。

例1　もしもし、こちらは馬ですが。/（打电话）喂喂，我是老马啊。

例2　お客様の今のお住まいについてちょっとご確認させていただきたいですが。/我想确认一下您现在的住址。（本文会话）

91. 全日

「全日」为名词，相当于汉语的"全天"。

例　今日と明日全日空いていますので、この二日間ならどんな時間帯でも大丈夫です。/今天和明天整天都有空，这两天任何时间段都是没问题的。（本文会话）

92. つまり

「つまり」是副词，相当于汉语的"总之""结局""就是说"。

例1　これはつまり君のためです。/总之，这是为了你。

例2　もう一点ですが、本社の者はご到着した後、まず、工事環境を確認いたします。つまり、壁にはLANケーブルを接続するための所があるかどうか。/另外还有

一点，本公司的人员在到达以后会首先进行安装环境的确认，也就是说要确认墙壁上是否有能连接局域网线之处。（本文会话）

93. のほど

「ほど」作为名词，表示程度、限度、样子、事情、情况等。由格助词「の」与「ほど」组合的「のほど」，可起强调某事物、某情况的作用，同时也可使这种强调的语气显得更加柔和、委婉，更便于对方接受。「のほど」有"……之事""……的情况"等含义，可不译出。这样的表达多出现在日本的服务行业及邮件中，与「のほう」的用法类似。

例1　貴家ますますご健勝のほど、お慶び申し上げます。/恭祝府上各位身体日益健康。

例2　皆様いよいよご多幸のほど、お慶び申し上げます。/恭贺各位更加多福。

例3　ご指導とご指摘のほどお願いします。/请您多多指导和指点。

例4　本社の者に今日の午後の3時から4時の間にお客様のご住所に行くように手配いたしますので、その間は、ご在宅のほどお願い申し上げます。/今天下午的3点到4点之间想安排本公司的工作人员去拜访府上，所以烦请该时间段您待在家里。（本文会话）

十七、ガスの手続きをする（办理煤气手续）

単語（たんご）	中文释义
瓦斯（ガス）（名）	煤气；气体
手続き（てつづき）（名）	手续
東邦瓦斯（とうほうガス）（名）	东邦煤气（公司）
何時（いつ）（代）	何时，几时，什么时候
都合（つごう）（名）	方便，合适；情况
翌日（よくじつ）（名）	次日，第二天
邪魔（じゃま）（名・サ他）	妨碍，干扰，打搅；访问，拜访
入る（はいる）（五自）	进，进入
それでは（接）	那么，那样的话
検針日（けんしんび）（名）	查表日
明細書（めいさいしょ）（名）	详单，清单
勿論（もちろん）（副）	当然，不用说，不言而喻
口座番号（こうざばんごう）（名）	户头号码
引き落とす（ひきおとす）（他动）	把……拉下来；拉倒；从对方银行户头划账、扣款

会話（かいわ）

王偉：すみません、東邦瓦斯でしょうか。私は名古屋大学の留学生の王と申します。ガスを通(とお)していただきたいのですが。

東邦瓦斯のスタッフ：はい、ご住所をうかがってもよろしいでしょうか。

王偉：ええ、名古屋市昭和区八事富士見(やごとふじみ)1600 長谷川荘(はせがわそう)199号室。

東邦瓦斯のスタッフ：はい、では、伺いたいと思います。お客様はいつのご都合がよろしいでしょうか。

王偉：明日の午前中がよろしいです。
東邦瓦斯のスタッフ：はい、では、こちらのスタッフは明日の午前10時から11時の間に、伺いますので、ご在宅のほうをお願いします。

(翌日)
東邦瓦斯のスタッフ：こんにちは。東邦瓦斯です。
王偉：はい、少々お待ちください。
東邦瓦斯のスタッフ：あ、東邦瓦斯の吉田と申します。まず、ガスの設備の確認をさせていただきたいですが、お邪魔してもよろしいでしょうか。
王偉：ええ、どうぞ、お入りください。

東邦瓦斯のスタッフ：はい、ガスの設備は大丈夫です。それでは、ガス代のお支払についてちょっと説明させていただきます。毎月の本社の検針日にこのようなガス料金支払い明細書が届きますので、これを持って、近くのコンビニに行って、これに書いてある金額をコンビニの店員に支払っていただくことになります。もちろん、銀行からの自動引き落としも可能ですので、このはがきにご住所と銀行口座番号を記入した後、本社宛てに送ってください。そうすれば、毎月のガス代が自動的にお客様の銀行口座番号から引き落とされるようになりますので、非常に便利です。
王偉：分かりました。どうもありがとうございました。

会　话

王伟：您好，请问是东邦煤气吗？我是名古屋大学的留学生。我姓王。我想麻烦你们开通一下煤气。
东邦煤气工作人员：好的。能问一下您的住址吗？
王伟：好。名古屋市昭和区八事富士见1600长谷川庄199室。
东邦煤气工作人员：好的，那我们想拜访一下，请问您什么时候比较方便？
王伟：明天整个上午都可以。
东邦煤气工作人员：好的。那我们的工作人员会在明天上午的10点到11点之间去拜访您。请您在家等待。

(第二天)

东邦煤气工作人员：您好，我是东邦煤气的。
王伟：知道了，请您稍等。
东邦煤气工作人员：啊，我是东邦煤气的，我叫吉田。首先，请允许我确认一下煤气的设备。我可以进来吗？
王伟：嗯！请进。

东邦煤气工作人员：嗯！煤气设备没有问题。接下来，请允许我说明一下关于支付煤气费的问题。在每个月本公司的查表日会寄来这样的煤气支付账单。您可以拿着此账单在附近的便利店按照上面所写的金额向便利店的店员支付。当然，也可以通过银行账号自动扣款。请您在这张明信片上写上住址和银行的账号后，邮寄给本公司。这样的话，每个月的煤气费就可以通过您的银行账号自动扣款，非常方便。
王伟：明白了。非常感谢！

● 解説（かいせつ）

94. 都合がいい

「都合」是名词，意为"方便""合适"。「都合がいい」「都合が良い」「都合がよろしい」都是"方便""合适"之意。「よろしい」是「良い」的郑重语。而「都合が悪い」意为"不方便""不合适"。「都合」加上接头语「ご」表示对对方的敬意，后面往往选择使用「よろしい」。

　　例　お客様はいつのご都合がよろしいでしょうか。/请问您什么时候比较方便？
（本文会话）

95. お入りください

动词连用形，前置「お」后接「ください」是尊敬语。动词「入(はい)る」表示"进入"。此时，「入る」的て形「入って」后面如果加上「ください」则表示"请进"。而「お入りください」比「入ってください」来得更加敬重，中文意思不变。值得注意的是「入ってください」这种形式是不能前置「お」的。如下所示：
　　お入りください　　　　（敬语中的敬他语表达形式）
　　お入ってください　×　（错误的表达形式）
　　入ってください　　　　（一般表达形式）
　　例　どうぞ、お入(はい)りください。/请进。（本文会话）

十八、入学式とオリエンテーションに参加する（参加入学仪式和学前指导说明会）

単語（たんご）	中文释义
入学式（にゅうがくしき）（名）	入学仪式
オリエンテーション（名）	新人教育（对新生进行的入学、对新职员进行的入职教育）
遠路（えんろ）（名）	远道，远途
街（まち）（名）	街道，街
重んじる（おもんじる）（上一他）	重视，注重
狭い（せまい）（形）	狭小的，窄的
学ぶ（まなぶ）（五他）	学习
汚れ（よごれ）（名）	脏；污染
そんなに（副）	（程度、数量）那样地，那么样
式辞（しきじ）（名）	致辞
宣誓（せんせい）（名・サ他）	宣誓
校歌（こうか）（名）	校歌
斉唱（せいしょう）（名・サ他）	齐唱，合唱
面会（めんかい）（名・サ自）	会见，会面，会晤
別途（べっと）（名）	另一途径，另一种办法，另外
スケジュール（名）	日程（表），时间表，预定计划表
是非（ぜひ）（副）	务必，一定
伊藤靖子（いとうやすこ）（人名）	伊藤靖子
シラバス（名）	摘要；教学大纲；课程提纲
詳しい（くわしい）（形）	详细的

会話（かいわ）

(指導先生の山極(やまぎわ)先生との会話)

王偉：すみません。山極先生でしょうか。王偉と申します。以前に、Eメールで入学申請を送らせていただきました。今日付(づけ)で入学式と入学オリエンテーションに参加します。どうぞ、よろしくお願い申し上げます。

山極：王さんですか。遠路、中国から一人で来られたんですね。大変でしたね。

王偉：日本は初めてですが、これまで日本の友達から色々と面倒(めんどう)をみてもらい、無(ぶ)事(じ)に入学式を迎えることができました。心から感謝しております。

山極：そうですか。それはよかったですね。ところで、どうですか。初めて見た日本の感じは。

王偉：街(まち)がきれいで、人が礼儀(れいぎ)正(ただ)しくて、親切でした。

山極：そうですか。親切かどうかは地域によって、ちょっと違うけれど、日本人は一般的には礼儀を重んじるから、その通りでしょう。街は清潔(せいけつ)なのですが、中国の道路よりちょっと狭い(やま)ところがあるでしょう。

王偉：それは、比べたことがありませんので、私はよく分かりません。それより、日本は経済と工業技術が発達している先進国ですので、私たちが学ぶべき所は沢山あります。この二三日、日本の空(そら)を観察しましたが、日本の空はとても青いです。

山極：ははは、そうだな。

王偉：先生、今日、入学式とオリエンテーションがあるので、時間にあわせて参りました。以前、中国の学校では、これと似たようなものがあります。日本の入学式とオリエンテーションはどんな感じのものか、それを思うだけで、ちょっと、緊張(きんちょう)してきます。

山極：緊張する必要はない。王さんは日本語がわかるから、大丈夫ですよ。そんなに難しく考えなくてよい。式の進行の流れとしては、まず、新入生入場、それから学長による式辞、その後は、新入生代表による宣誓、校歌斉唱、最後は面会です。

王偉：そうですか。分かりました。

山極：もうすぐ時間です、ちょうど、あと30分で入学式が始まる時間です。では、一緒に講堂にいきましょう。

王偉：はい、分かりました。

山極：ちなみに、今日は入学式で、オリエンテーションは明日から、講堂ではなく

て、各研究科で行われるので、具体的な時間と場所については、別途お知らせがあります。スケジュールをお早めに、確認した上で、是非ご参加ください。
王偉：分かりました。

王偉：すみません。ここは〇〇学科の会議室(かいぎしつ)でしょうか。
伊藤：はい、そうです。いまから、オリエンテーションに参加する新入生の方ですか。
王偉：はい、そうです。王偉と申します。初めまして、よろしくお願いします。
伊藤：はい、伊藤靖子(いとうやすこ)と申します。初めまして、よろしくお願いします。オリエンテーションはあと15分で始まります。座席はご自由です。こちらは学科紹介と授業選択の方法、また、授業内容や担当教員の紹介についてのシラバスです。これは本研究科の研究室の利用説明と注意点です。ええっと、こちらは留学生向けの日本での生活上の注意点について書かれたものです。全部で三枚があります。あとで、オリエンテーションで皆さんに詳しく説明しますから、こちらを全部持って参加してね。
王偉：はい、分かりました。

会　話

（与作为指导老师的山极老师之间的会话）

王伟：您好，请问您是山极老师吗？我叫王伟。之前通过电子邮件发送过入学申请。于今日前来参加入学仪式和学前指导说明会。请多多关照。
山极：是小王啊。一个人大老远从中国过来的吧。真不容易啊。
王伟：虽然我是初次来日本，但之前幸得日本朋友们的很多关照，顺利迎来了入学仪式。我从心里感谢他们。
山极：是嘛。这样我就放心了。另外，感觉怎么样呢？第一次看到日本的感觉。
王伟：街道很干净，人很有礼貌，很热情。
山极：是嘛。根据地区不同，是不是热情会稍有不同。但日本人普遍很重视礼貌，所以这个说法不错。街道虽然清洁，但是比起中国的街道确实有些狭窄吧。
王伟：这个我没有比较过，所以也不太清楚。其实，日本是一个经济和工业技术很发达的发达国家，对于我们来说还有很多值得学习的地方。这两三天我观察过日本的天空，日本的天空很蓝。
山极：哈哈哈，是这样的啊。

王伟：老师，今天因为有入学仪式和学前指导说明会，所以按时赶过来了。以前，中国学校也会举行类似的仪式和说明会。但是只是想想日本的入学仪式和学前指导说明会会是什么样子的，就会变得有点紧张。

山极：无需紧张。小王是会日语的，没事的。无需把它想得如此难。仪式流程，首先是新生入场，然后是校长致辞，在那之后就是新生代表的宣誓，齐唱校歌，最后是会面。

王伟：是嘛。我知道了。

山极：快到时间了。正好再过30分钟就是入学仪式开始的时间了。那我们一起去讲堂吧。

王伟：好的，明白了。

山极：顺便说一下，今天是入学仪式，新生入学教育从明天开始。因为不是在讲堂，而是在各个研究科内进行，所以关于具体的时间和地点会另行通知。请提前确认之后一定参加。

王伟：明白了。

王伟：打扰一下。请问这里是〇〇学科的会议室吗？

伊藤：是的，没错。你是过一会儿要参加新生教育的新生吗？

王伟：是的，我是。我叫王伟。初次见面，请多关照。

伊藤：你好，我叫伊藤靖子。初次见面，请多关照。新生教育再过15分钟开始。自由入座。这份是写有学科介绍和选课方法，另有课程详细内容和任课老师介绍的教学大纲。这份是本研究科研究室的使用说明和注意点。嗯，这份写有关于针对留学生的在日生活方面的注意点。一共有3张。之后，会在进行新生教育时向大家详细说明，所以还烦请大家全部拿着来参加。

王伟：好的，明白了。

● 解説（かいせつ）

96. 所で

「所（ところ）で」是接续词。放在句首时表示前面正说着某件事，突然转变话题，意为"可是""话又说回来了""我说""对了……"等。

例1　ところで、みなさんのご意見を伺いたいと思いますが。/可是，我想听听大家的意见。

例2　ところで、彼は最近元気ですか。/对了，他最近身体好吗？

例3　ところで、どうですか。初めて見た日本の感じは。/另外，感觉怎么样呢？第一次看到日本的感觉。（本文会话）

97. ものがある

「ものがある」接在用言连体形后面，表示强调，意为"确实是……""真是……"等。「もの」是形式名词。

例1　彼の進歩には著(いちじる)しいものがある。/他的进步确实很显著。

例2　街は清潔なのですが、中国の道路よりちょっと狭いところがあるでしょう。/街道虽然清洁，但是比起中国的街道确实有些狭窄吧。（本文会话）

98. もうすぐ

表示"将要，快要，马上"。

例1　もうすぐ夏休みです。/马上就是暑假了。

例2　もうすぐ時間です、ちょうど、あと30分で入学式が始まる時間です。/快到时间了。正好再过30分钟就是入学仪式开始的时间了。（本文会话）

99. 动词过去式简体 +「上で」

表示"（在做了某事）之后（再）……""在……的基础上"。

例1　この実験は基礎(きそ)研究を済(す)ました上で行われるべきだ。/这个实验应该在完成了基础研究之后再进行。

另外，在"动词过去式简体+「上で」"的后面可以直接加上格助词「の」再接名词，表示"在做了某事之后的……"。

例1　これも、みなさんのご意見を聞いた上での総合判断だ。/这也是听了大家的意见之后的综合判断。

例2　ちなみに、今日は入学式で、オリエンテーションは明日から、講堂ではなくて、各研究科で行われるので、具体的な時間と場所については、別途お知らせがあります。スケジュールをお早めに、確認した上で、是非ご参加ください。/顺便说一下，今天是入学仪式，新生入学教育从明天开始。因为不是在讲堂，而是在各个研究科内进行，所以关于具体的时间和地点会另行通知。请提前确认之后一定参加。（本文会话）

十九、授業選択について（关于选课）

単語（たんご）	中文释义
授業（じゅぎょう）（名・サ自）	授业，授课，上课，课程
アドバイス（名・サ他）	建议
専攻（せんこう）（名・サ他）	专攻，专业，专门研究
課目（かもく）（名）	学科，课程
関わる（かかわる）（五自）	有（密切）关系，涉及
必修課目（ひっしゅうかもく）（名）	必修课
単位（たんい）（名）	学分
選択課目（せんたくかもく）（名）	选修课
違う（ちがう）（五自）	不同，不一致；错误，不对
満たす（みたす）（五他）	充满；满足
トータル（名）	总计，合计
合わせて（あわせて）（副）	加在一起，合计，共计
最低限（さいていげん）（名）	最低限度
達する（たっする）（サ自）	达到；到达
割合（わりあい）（名）	比例
獲得（かくとく）（名・サ他）	获得
学生便覧（がくせいびんらん）（名）	学生便览
借り出す（かりだす）（五他）	借出
探し出す（さがしだす）（五他）	找出
コピー（名・サ他）	（名）复印件，副本 （动）复制；复印
さっき（副）	刚才
履修（りしゅう）（名・サ他）	学完学习科目，完成学业
本棚（ほんだな）（名）	书架，书橱

会話（かいわ）

(指導先生のオフィスで)

王偉： 先生、もうすぐ授業が始まるのですが、授業科目の選択について、迷っています。先生のアドバイスもいただきたいです。

山極： それでは、まず、本研究科の専攻分類としては、三つがある、X、YとZで、王さんの学籍所属はうちのX専攻ですね。ですから、まず、これから、王さんが受ける授業の全ては、うちのX専攻の下で、選択しなければなりません。各専攻の授業としても、全部、三つの部分からなっています。一類課目、それは所属専攻に関わる必修課目のことで、とても大事な部分です。必修課目のうちのどれか一つでも単位が取れなかったならば、不合格になり、卒業ができなくなります。それからは、二類課目、それは所属専攻に関わる選択課目で、最後には、三類で、それは本研究科に属している、自分の専攻とは違って別の専攻に関わる課目のことです。そして、卒業するには、所定の単位数を満たさなければなりません。一類と二類のトータルは合わせて最低限で30単位に達しなければなりませんが、ただ割合としては、一類はその30単位のうちの18単位、二類は12単位を占めなければなりません。三類も必修課目で、別の専門に属しているものの、卒業の条件としては、取らなければなりません。この三類については、最低限でも2単位を獲得しなければなりません。つまり、卒業するには、最低限でも、一類、二類、三類課目の合計で、32単位を獲得しなければなりませんが、そのうちの一類と二類については、さっき言っていたように18単位、12単位という風に、一定の割合で単位を獲得しなければならないというようになっています。

王偉： そのとおり、分かりました。では、具体的には、どのような授業を選択すればいいのかは、先生から、ちょっとご指導いただきたいです。

山極： まず、教務室の先生に、授業選択のための『学生便覧』がありますかと一度聞いてください。教務室の先生が必ずそれを持っていますから、それを借り出して、その中から、所属専攻に関わる一類課目と二類課目が載っているページと三類課目のページを全て探し出して、コピーして、それをもってもう一度ここに戻ってください。その点で、教えますから。

王偉： はい、分かりました。では、行ってきます。

(教務室の窓口で)

王偉：鈴木先生、こんにちは。

鈴木：こんにちは、王さん。

王偉：実は、さっき、山極先生と授業の選択について相談したばかりで、早いうちに履修する科目とを決めたいと思って、『学生便覧』で調べにきました。

鈴木：分かりました。『学生便覧』なら、王さんの後ろの小さい本棚にあります。その中に、自分の専攻に関係する授業科目は全て入っています。コピーしたいページを教えていただければ、コピーしてあげますから。

王偉：分かりました。どうもありがとうございます。こちらが調べ終わったら、それをお願いします。

鈴木：はい、分かりました。

(山極先生の事務室で)

王偉：先生。ただいま。コピーをもって戻りました。これは、教務課の鈴木先生に手伝ってもらったものです。

山極：あ、ご苦労様。ええと、ちょっと見ますからね。ちょっと待っててね。

王偉：はい、分かりました。では、よろしく、ご指導の程をお願いします。

会 话

(在指导老师的办公室)

王伟：老师，马上要开学了。关于选课，自己也搞不清楚。想听听老师的建议。

山极：首先，本研究生院的专业分类有3个，即X、Y和Z。小王的学籍属于我们的X专业。所以，首先，小王今后要学的所有课程必须是在X专业里选择。各个专业的课程也是全部由三个部分组成的。一类课，这个是与所属专业相关的必修课，是很重要的部分。必修课中的任意一门课如果未获得学分，就会不合格，无法毕业。然后是二类课，这个是与所属专业相关的选修课。最后是三类课，这个是本研究科所属的、与自己的专业不同的其他专业相关课程。为了能毕业，必须完成规定的学分。一类和二类加起来的总分至少要达到30分。但是，比例上，一类必须占到30分当中的18分，二类必须占到12分。三类也是必修课，虽然属于其他专业，但作为毕业条件，是必须选的。关于这个三类课，至少要获得两个学分。也就是说，想毕业的话，这三类至少获得32个学分，其中的一类和二类，就如刚才所讲的那样，必须按18分、12分这样，以一定的比例来获得学分。

王伟：的确如您所说，我懂了。那么，具体选择什么样的课程比较好？想麻烦老师您指导一下。

山极：首先，你先问一下教务室的老师："有用来选课的《学生便览》吗？"教务室的老师一定有这本书。把这本书借过来，从中找出所有与所属专业相关的一类课、二类课的页面，以及三类课的页面，复印，然后拿着复印好的东西再回我的办公室一次。到时我会告诉你的。

王伟：好的，明白了。那我过去一下。

(在教务室的窗口前)

王伟：铃木老师，您好！

铃木：你好！小王。

王伟：是这样的。刚才和山极老师商量过选课的事情，我想尽早把课程定下来，所以现在过来查一下《学生便览》。

铃木：明白了。《学生便览》就在小王身后的小书橱里。其中包含了所有和自己专业相关的课程。如能告知想复印的页面，我会帮你复印的。

王伟：明白了。非常感谢！我这边查完后麻烦您帮我复印一下。

铃木：好的，明白了。

(在山极老师的办公室)

王伟：老师，我回来了。我拿回了复印件。这个是拜托了教务科的铃木老师帮我准备的。

山极：啊，辛苦了。嗯，我先看一下。你稍微等我一下。

王伟：好的，明白了。那还请您多多指导。

● 解説（かいせつ）

100. としても

「としても」接在体言之后，表示确定逆接条件，相当于汉语的"（虽然）作为……也……""（尽管）以……身份也……"等意思。

例1　彼は会社の責任者としても、ちゃんと会社の管理制度を実行しています。／虽然是公司负责人，他也认真执行公司的管理制度。

例2　各専攻の授業としても、全部、三つの部分からなっています。／各个专业的

课程也是全部由三个部分组成。（本文会话）

101. に関わる

「に関（かか）わる」接在体言之后，表示"与……有（密切）关系""涉及……"等意思。

例1　交通安全は生命に関わる大事です。/交通安全是生命攸关的大事。

例2　一類課目、それは所属専攻に関わる必修課目のことで、とても大事な部分です。/一类课，这个是与所属专业相关的必修课，是很重要的部分。（本文会话）

102. ものの

「ものの」为接续助词，接在用言连体形之后，表示确定的逆接条件，与「が」「けれども」的用法类似，相当于汉语的"虽然……，但是……""尽管……，还是……"。使用「ものの」时，往往带有消极的意思。

例1　タバコは体に良くないというものの、どうしてもやめられない。/虽说抽烟对身体不好，但怎么也戒不了。

例2　三類も必修課目で、別の専門に属しているものの、卒業の条件としては、取らなければなりません。/三类也是必修课，虽然属于其他专业，但作为毕业条件，是必须选的。（本文会话）

103. については

「については」接在体言之后，表示"关于……""对于……""就……"的意思。「については」中的「は」为副助词，具有提示主题、划定叙述范围的作用。而「について」也表示"关于……""对于……""就……"的意思，但无提示主题、划定叙述范围的作用。

例1　授業選択については先生と相談しています。/关于选课，正在和老师商量。
「については」具有提示"选课"这一主题的作用。

比较：

例2　授業選択について先生と相談しています。/正在和老师商量关于选课的事。
「について」并无提示"选课"这一主题的作用。

例3　この三類については、最低限でも2単位を獲得しなければなりません。つまり、卒業するには、最低限でも、一類、二類、三類課目の合計で、32単位を獲得しなければなりませんが。/关于这个三类课，至少要获得两个学分。也就是说，想毕

业的话，这三类至少获得32个学分。（本文会话）

104. 風に

「風」是名词，意为"样子""状态"。「に」是格助词。「風に」接在体言之后，构成连用修饰语，表示"像……样""如同……样"的意思。

例1　こんな風にやってください。／请这样干。

例2　他人のことをあんな風に評価してはいけない。／不能那样评价别人。

例3　そのうちの一類と二類については、さっき言っていたように18単位、12単位という風に、一定の割合で単位を獲得しなければならないというようになっています。／其中的一类和二类，就如刚才所讲的那样，必须按18分、12分这样，以一定的比例来获得学分。（本文会话）

105. うちに

「うちに」接［体言の］及［用言连体形］后，表示"趁着……时""尽早地""在……时候""在……之内"等意思。

「うちに」由名词"「内」+格助词「に」"组成，接在"名词+の"和用言连体形之后，表示"趁着……时""在……时""在……之内""尽早地""在……时候"等意思。

例1　鉄は熱いうちに打て。／趁热打铁。

例2　若いうちに一生懸命に勉強するべきだ。／应该趁着年轻努力学习。

例3　今日のうちに仕事を済まさなければならない。／必须在今天之内完成工作。

例4　早いうちに履修する科目とを決めたいと思って、『学生便覧』で調べにきました。／我想尽早把课程定下来，所以现在过来查一下《学生便览》。（本文会话）

106. ただいま

「ただいま」作为感叹语使用时，是外出回来时常用的打招呼用语，是「ただいま帰りました」的略语，意为"我回来了"。

例1　（甲下班后回到家，与家人乙的寒暄语）

甲：ただいま。／甲：我回来了。

乙：お帰りなさい。／乙：你回来了。

例2　王偉：先生、ただいま。／王伟：老师，我回来了。

山極：あ、ご苦労様。／山极：啊，辛苦了。（本文会话）

二十、大学の学習と研究活動
（大学学习和研究活动）

単語（たんご）	中文释义
顔（かお）（名）	脸；表情，神色；容貌
テーマ（名）	题目；主题
関連（かんれん）（名・サ他）	关联，联系
なかなか（副）	很，非常
途中（とちゅう）（名）	（路的）途中，路上；（工作等的）中途
焦る（あせる）（五自）	急躁，着急
きっと（副）	（「きと」的强调形）一定，必定
引っ掛かる（ひっかかる）（五自）	卡住，中途受阻；挂上
とりあえず（副）	匆忙，急忙；马上；先，首先
検討（けんとう）（名・サ他）	研讨，研究
クリスマスイブ（名）	圣诞前夜
菓子（かし）（名）	点心，糕点
甘い（あまい）（形）	甜的，带甜味的
香り（かおり）（名）	芳香，香气
漂う（ただよう）（五自）	飘荡，漂流；洋溢，充满
止まる（とまる）（五自）	停住，停止
ワード（名）	字，词，单词；字节；位数
慣れる（なれる）（下一自）	习惯，适应
所為（せい）（名）	原因，缘故；由于（多用于坏的结果）
数式（すうしき）（名）	数学式
ツール（名）	工具；方法，手段

単語（たんご）	中文释义
呼び出す（よびだす）（五他）	找出，找来
教わる（おそわる）（五他）	受教，跟……学习
カーソル（名）	光标，指示器
タブ（名）	列表，制表
ボタン（名）	按钮
クリック（サ他）	点击
編集（へんしゅう）（名・サ他）	编辑
ほら（感）	（突然唤起对方注意或打招呼）喂，瞧
枠（わく）（名）	框，框架
演算子（えんざんし）（名）	运算符，算符
枠組み（わくぐみ）（名）	框架，构架
表示（ひょうじ）（名・サ他）	表示，表达，显示
上下（じょうげ）（名）	上下
今回（こんかい）（名）	这回，此次
半年（はんとし）（名）	半年
決まる（きまる）（五自）	规定；决定
心細い（こころぼそい）（形）	心中无底的，心中不安的，心虚的，胆怯的
まとまり（名）	归纳
欠ける（かける）（下一自）	缺少，不足，不够
はっきり（副ト・サ自）	清楚，清晰，明了；断然，截然
意味（いみ）（名・サ自他）	意思；意义；意味
断続的（だんぞくてき）（形動）	断续的，间断的
ボリューム（名）	分量，量；体积，容量
膨れ上がる（ふくれあがる）（五自）	膨胀，肿胀，肿起
言い換える（いいかえる）（下一他）	换句话说
突き止める（つきとめる）（下一他）	查清，查明
前作業（まえさぎょう）（名）	前期作业，准备工作

単語（たんご）	中文释义
養う（やしなう）（五他）	养活；培养，养成
所謂（いわゆる）（連体）	所谓，一般人所说的，大家所说的，常说的
先行研究（せんこうけんきゅう）（名）	先行研究
どうやら（副）	好歹；总觉得，好像是
やり直す（やりなおす）（五他）	重新做（搞），再做（搞）
指導先生（しどうせんせい）（名）	指导老师，导师
書き直す（かきなおす）（五他）	重新写，改写
質問（しつもん）（名・サ自他）	质问，疑问，提问
出所（しゅっしょ）（名）	出处
放置（ほうち）（サ他）	放置
剽窃（ひょうせつ）（名・サ他）	剽窃
摘発（てきはつ）（名・サ他）	检举，揭发
鉤括弧（かぎかっこ）（名）	（钩形）括弧，括号（「」、『』）
オフィス（名）	办公室
下書き（したがき）（名・サ他）	写草稿；草稿
じゃ（接）→それでは、では	那么
通じる（つうじる）（上一他）	开通（道路）；通过
箇条書き（かじょうがき）（名）	分条写，按条目写
もやもや（副ト・サ自）	模模糊糊，朦朦胧胧
変数（へんすう）（名）	（数）变数，变量
独立変数（どくりつへんすう）（名）	（数）自变量，自变数
従属変数（じゅうぞくへんすう）（名）	（数）因变量，因变数
それぞれ（名・副）	各个，各自，分别
モデル（名）	模型
取り入れる（とりいれる）（下一他）	采用，采取；导入
重回帰分析（じゅうかいきぶんせき）（名）	（数）重回归分析
工夫（くふう）（名・サ他）	想办法，下功夫，钻研
考え（かんがえ）（名）	思想，想法；思考；主意

単語（たんご）	中文释义
練る（ねる）（五他）	熬制；锻炼，磨炼；推敲
費やす（ついやす）（五他）	花费，耗费
済む（すむ）（五自）	完事，终结；可以解决
はず（名）	应该，理应
うまい（形）	好吃的，可口的；高明的；好的；顺利的
何度（なんど）（名）	几次，几遍
細かい（こまかい）（形）	细小的；详细的；琐碎的
不十分（ふじゅうぶん）（名・形动）	不够，不完全，不足，不充分
一層（いっそう）（副）	更，越发
指導教官（しどうきょうかん）（副）	指导老师，导师
やっと（副）	好不容易，勉勉强强
ほっと（副・サ自）	轻微叹气；轻松（的样子）
甲斐（かい）（名）	效果，价值
当たり前（あたりまえ）（形动）	当然，理所当然
気持ち（きもち）（名）	心情；心意
一言（ひとこと）（名）→（一言）（いちげん）（名）	一言，一句话，只言片语
言い表す（いいあらわす）（五他）	表达
ちょっとした（連体）	极普通的，微不足道的
召し上がる（めしあがる）（五他）	（敬）吃；喝；吸烟
ほんの（連体）	仅仅，一点点
助言（じょげん）（名・サ自）	建议，忠告
アイデア（名）	想法，主意；构思
悔やむ（くやむ）（五他）	悔，懊悔
まあ（感）	（妇）（惊叹时发出的声音）呀，哎呀
気づく（きづく）（五自）	意识到；觉察到；体会到
励まし言葉（はげましことば）（名）	鼓励的话语
進路（しんろ）（名）	前进的道路

会話（かいわ）

(研究室での会話その一)

小国：王さん、どうしたの、何かに悩んでいる顔をしているようだね。もしかしたら、研究のことで悩んでいるかな。

王偉：実は、あと、半年ぐらいで、中間発表になりますが、いまだに、研究テーマは決まっていないんですよ。図書館で関連する資料と本を探してきて読んだり、授業で他の先輩の意見を聞いたり、いろいろしてきたんですが、やはりいいテーマがなかなかみつからないんですよ。このままでは、卒業できずに、途中で国に帰ってしまうことになるかもしれないんですよ。

小国：そう焦らないでね。きっと、どこかで引っ掛かっているだろう。

王偉：そうですね。なんだろうね。

小国：とりあえず、王さんが考えていたテーマを全部教えて、二人で一緒に検討してみよう。もしかしたら、そのうち、何かいいアイデアが出てくるかもしれません。

王偉：分かりました。私が今まで、考えていたテーマは…。

(研究室での会話その二)

伊藤：もうすぐ、クリスマスイブだね。

王偉：はい、そうですね。

伊藤：あ、もうちょっとで忘れる所だった。昨日、お菓子をいっぱい買って、研究室のドアの後ろの本棚の上に置いたけど、みんな、もう食べたかな。そこに置いたことを皆に言うのを忘れてた。

王偉：そうですか。どうりで、最近、研究室の中で、お菓子の甘い香りが漂ってるんだ。実は、はじめは、あんまり、クリスマスまでは考えていなかった。

伊藤：王さんが研究のことで悩んでいたから、とても考えられないでしょう。想定内のことだよ。

王偉：ええ、本当に申し訳ない。

(研究室での会話その三)

伊藤：どうしたの、ずっと止まってるけど。

王偉：中間発表のファイルを今ワードを使って作成しているところですよ。ここの文章内に分数を入れたいと思っているんだ。今まで、中国語バージョンのワード

に使い慣れているせいか、日本語バージョンのワードを見て、ちょっとぴんとこないんだ。どこからその数式ツールが呼び出せるんだろうか、今、それを探している所なんだ。

伊藤：それは、私が前の先輩からも教わったことがあるよ。その使いかたを知っているから、教えようか。

王偉：では、お願いします。

伊藤：まず、数式を挿入したい位置にカーソルを移動して、「挿入」タブの「数式」ボタンをクリックして、そうしたら、「数式編集エリア」が挿入される。

王偉：はい、それから？

伊藤：それから、「数式ツール」の「デザイン」タブを開いてご覧、ほら、沢山の枠が出たでしょう。数式で使う演算子や記号等がこれらの枠に入力できるから、例えば、王さんがさっき言った分数なら、ここの「分数」ボタンをクリックして、それからメニューから入力したい分数の形式を選択するの。最後に、数式編集エリア内に分数の枠組みが表示されるので、「」の所をクリックして上下に数字を入力すれば分数が表示できるようになる。簡単でしょう？

王偉：本当だ。

（指導教官のオフィスで）

王偉：先生、今回の中間発表は半年後に行われる予定ですが、まだ、テーマが決まっていないです、ちょっと、心細いです。そこで、先生からご意見とご指導をいただきたい思っていますので、自分が今まで書いたものを持って参りました。

山極：そう、では王さんが書いたものを見せてください。

（数分後）

山極：内容としては、まとまりに欠け、一体、何を言いたいかはあんまり、はっきりしていないですね。この部分を見てご覧、論文に出てくる研究対象の属性は、詳細に説明できていないでしょう。それが原因で、後の説明の部分は、意味的には断続的で、ボリュームも膨れ上がっています。結論としては、何が問いなのかも書いていないです。

王偉：はい。

山極：まず、研究対象とは何かをはっきり頭の中でわからなければなりません。それは、言い換えれば、研究対象の属性というものを突き止めなければならないです。これも前作業の一つです。紙に書いて、整理するというのも一つの仕方で、研究対象の属性がまず決まらなければ、これから先に研究を進めること

が難しくなるでしょう。
王偉：そのとおり、何か分かってきたような気がします。
山極：王さんは一番欠(か)けているのは、何か、分かりますか。
王偉：…。
山極：それは、この分野の学者達が書いた著作と参考文献を読むことだ。それらを沢山(たくさん)読むことによって自分の感性(かんせい)を磨(みが)きながら、研究の力を養(やしな)っていくことが大事なんだ。これが所謂先行研究というものだ。王さんは、どうやら、これに十分な時間を使っていないようだ。
王偉：分かりました。戻(もど)ってから、ちゃんと関連(かんれん)する著作と参考文献を読んで、もう一度やり直します。
山極：それが一番だ。

(中間発表について)
伊藤：中間発表は後3人です。次は王偉さんから発表していただきます。
(20分後)
村上(むらかみ)：これは王さんが自分で書いたものですか。
王偉：当時は考え不足な部分がかなり多くて、うまくまとめることができませんでしたが、その後、指導先生より指導を受けて、また自分の理解のもとに、色々、先行研究と著作を読んで、もう一遍、書き直してみました。
村上：はい、分かりました。
伊藤：先ほど、村上先生より質問していただきましたが、他に、また質問がある方はいませんか。
中田：内容はよかったけれど、しかし、中の理論枠(わく)を述べる部分は、ちゃんと出所を書いていなかった。その他の「引用(いんよう)」された部分も、同じ問題があった。もし、これを放置し、このまま、最終発表したとしたら、たとえ、ここを通(とお)したとしても、後から、誰かに剽窃(ひょうせつ)だと摘発される可能性がある。もし剽窃となれば不合格となる。前に卒業したあなた達の先輩達にも、よく強調したように、他人の先行研究を引用した場合は、ちゃんと鉤括弧(かぎかっこ)を付けて示さなきゃだめだよ。

(先生のオフィスで論文の指導を受ける)
王偉：先生、論文の下書きができました。一度お目を通(とお)していただきたいと思って、今日それを持って参りました。ご指導とご指摘のほどお願いします。
山極：はい、じゃ、ちょっと見てみますからね。

（30分後）

山極：テーマと論文全体の考えは悪くないよ。ただ、いくつかの大きな問題点を言わなければなりません。先ず、問いと仮説の部分ですが、問いとは、自分がこの論文を通じて何が分かりたいかを示すというもので、普通は箇条書きにしますが、王さんは全部これを文章で書きました。何を分かりたいのかもちょっともやもやしているようです。それから、仮説はできるだけ、問いとは、一対一で対応していくように工夫したほうがいいです。これも文章になっているので、良くないです。一番重要な問題は、問いも仮説も二つの変数間、つまり、独立変数一個と従属変数一個との間の関係を調べることだけに集中しているということです。できれば、独立変数を二つにして、従属変数を一つにして、それから、二つの独立変数のうち、どれが従属変数に深い影響を与えているのかそれぞれを調べます。それだけではなく、二つの独立変数を同時にモデルに取り入れて、重回帰分析の分析もすることができます。重回帰分析で、その時の従属変数が二つの独立変数にどのような影響を受けられているかを調べるという方が研究価値があるのではないだろうか。

王偉：そのとおり、分かりました。それでは、考え直して、もう一度工夫してみます。

山極：これは発表するまでは、考えを練る必要があるために、大変な時間と精神力を費やすことになります。それと、常にいろいろな作業をして進めていくことが必要ですので、そう簡単ではないですよ。しっかり頑張ってください。

王偉：はい、分かりました。

山極：それに、日本語は私が指導しませんから。これはこの学校に入学するまでに、既に済んでいるはずの話なので、これも王さんが論文を書く時に、自分で工夫してください。

王偉：はい、お忙しいところ、ご指導とご指摘をいただき、ありがとうございました。

（最終発表の後）

山極：発表はうまくできましたか。

王偉：発表の中で教授の方々からいろいろと質問をされました。発表する前に何度も自分の論文を修正していたので、内容はよく覚えています。今回の発表は、大きな問題はなかったと思われるが、ちょっと細かい所についての質問で引っ掛かっているところがあって、それはやはり自分の研究力がまだまだ不十分な

ところだろうか。今後は一層の努力が必要だと思います。

山極：聞いた所はよさそうですね。私が指導教官(きょうかん)として、痛(いた)くもない腹(はら)を探(さぐ)られないように、今回の発表に出席しなかった。これも規則なんですよ。それから、通るかどうかは、二三日たってから結果がちゃんと出るはずです。そこまでは、暫く待っていてください。

王偉：はい、分かりました。

山極：今日は、発表も終わっているので、先に帰ってゆっくり休んでください。発表の結果がでましたら、こちらからメールで送りますから、あと、ちゃんとメールを確認することを忘れないでね。

王偉：はい、分かりました。

(何日か立って)

王偉：先生、この前、先生から送っていただいた、「発表合格」のメールを読んで、自分が合格できたことを知って、やっと、ほっとしました。今日、うれしくて先生に感謝を言うために参りました。

山極：いえいえ、合格できたということは、あなた自分の努力の甲斐(かい)があったということです。勿論(もちろん)、指導もその一部ではあるが、指導教官としては、それが当たり前の仕事です。

王偉：これまで、いろいろ先生からご指導とご指摘頂いていて、本当に、どうもありがとうございました。この気持ちは一言で言い表せないですが、これは昨日買ったお菓子です。ちょっとした気持ちですけど、よかったら、どうぞ召し上がってください。

山極：ああ、お菓子は必要ないです。気持ちだけいただければそれで十分ですよ。これは王さん自分で食べてください。

王偉：これは、ほんの気持ちですけれど、これまでは、先生とみなさんから、色々と助けていただいて、こちらはみなさんから助言やアイデアなどをもらってばかりで、研究中(ちゅう)も、何も皆さんにしてあげることができなかったんです。今思い出せば、やはり自分の研究力とコミュニケーション力が弱かったのが原因なんだと大変悔やんでいます。

山極：そうですね。まあ、これからは、まだ機会がある。王さんはそこまで気づいているなら、今後はいつか、きっとよくなると信(しん)じています。

王偉：お励まし言葉いただいて、本当に、どうもありがとうございました。これからさらに頑張ります。

山極：ところで、これからの進路はもう決まったんですか。

王偉：はい、実は、帰国することに決めたんです。帰国して、地元(じもと)の大学の先生になろうと思っています。
山極：そうですか。ぜひ頑張ってくださいね。

会　話

（研究室会话1）

小国：小王，怎么了？看上去像是为什么事情在发愁啊。不会是为了研究的事情在发愁吧？

王伟：说实在的，再过半年就要中间报告了，但到现在研究主题还没有确定下来。我从图书馆找来了相关资料和书进行阅读，又在课上听取了其他学长的意见，做了许多事情，但是仍然很难找到很好的主题。照现在这个样子，可能会因无法毕业中途回国。

小国：别那么着急。一定卡在哪个地方了吧。

王伟：是啊。卡在什么地方了呢？

小国：先这样，小王，你把你考虑的主题全部告诉我，我们两个人一起研究一下，说不定在这个过程中会有一些好的点子。

王伟：明白了。到目前为止我所考虑的主题是……

（研究室会话2）

伊藤：快到平安夜了啊。

王伟：嗯，是啊。

伊藤：啊，差点忘记了。昨天，我买了很多糕点，放在了研究室门后的书架上了，大家吃了吗？我忘记告诉大家我放在书架上了。

王伟：是嘛。怪不得最近研究室里飘着一股糕点的香甜气味。其实，从开始我就没太想到有圣诞节这回事。

伊藤：小王一直为了研究的事情而烦恼，因此很难想到这些事情，这也是预料之中的事情啊。

王伟：是的，我实在抱歉。

（研究室会话3）

伊藤：怎么了？一直定在那里不动。

王伟：我正在用word编辑学期中发表的论文。我想在这篇文章里放入分数。可能是由

于用惯了中文版的 word 了，看到日本版的 word，一时间反应不过来了。从哪里才能调用这个公式工具呢？我现在正在找这个呢。

伊藤：这个之前学长教过我的呀。我知道这个使用方法，我来教你吧！

王伟：好的，那麻烦你了。

伊藤：首先，先把光标移至想插入公式的地方，点击"插入"列表中的"公式"按钮，这样的话，"公式编辑区域"就会被插入。

王伟：好的。然后呢？

伊藤：然后，你尝试点开"公式工具"的"设计"列表。看！出来很多的框架。可以将公式所要用到的运算符号或记号等输入这些框架中。比如，小王刚才说的分数就要点击这里的"分数"按钮，然后从菜单中选择想输入的分数格式。最后，公式编辑区域内会显示分数的框架，点击""的地方，然后在上下处输入数字就可以显示分数了。简单吧？

王伟：是的。

（在指导老师的办公室）

王伟：老师，这次中间报告预定半年以后进行，但主题还没有定下来，心里稍微有些没底。然后想请老师给予一些建议和指导，就把写的东西带过来了。

山极：好的，小王，给我看一下你写的东西。

（几分钟后）

山极：从内容上来讲，缺乏归纳，到底想说什么表达得不是很清楚。你看一下这个部分，论文中出现的研究对象的属性，没有能够详细地进行说明。这个是原因，造成了之后的说明部分意思上断断续续，篇幅也很臃肿，结论也没有写想搞清楚什么问题。

王伟：是的。

山极：首先，必须搞清楚研究对象是什么。换句话说，必须搞清楚研究对象的属性是什么。这也是准备工作的其中一项。写在纸上，进行整理也是一种方法。研究对象的属性如果不先定下来，继续研究就会变得很困难。

王伟：原来如此，感觉似乎明白什么了。

山极：小王，你明白你身上最欠缺的是什么吗？

王伟：……

山极：最欠缺的就是阅读这个领域的学者们写的著作和参考文献。通过大量阅读这些著作和参考文献来产生灵感，培养自己的研究能力，这是很重要的。这就是所谓的先行研究。小王好像没有花费充分的时间在这上面。

王伟：明白了。回去以后，我会好好阅读有关的著作和参考文献，然后重新做一次。
山极：那样最好。

（关于中间报告）
伊藤：中间报告其余还有3个人（要发表）。下面从王伟开始发表。

（20分钟后）
村上：这个是小王自己写的吗？
王伟：当时考虑不充分的部分相当多，没能好好地整理出来。在那之后，接受了指导老师的指导，同时又在自己理解的基础上，读了许多的先行研究和著作，试着重新写了一遍。
村上：好的，知道了。
伊藤：刚才，村上先生提出了疑问。还有其他持有疑问的人吗？
中田：内容是不错。但是，表述其中理论框架的部分，没有明确地写出处。其他的被"引用"的部分也存在同样的问题。如果把这个问题搁置，直接发表，即便我们学校通过了，之后也可能会有人检举说"这是剽窃的"。如果出现剽窃行为就会不合格。如之前跟你们的学长们强调过的那样，在引用他人的先行研究的时候，不加引号明示是不行的。

（在老师办公室接受论文指导）
王伟：老师，论文的草稿完成了。我想请您过一下目，今天就拿过来了。请您指点。
山极：好的，那给我看一下吧。

（30分钟后）
山极：主题和论文整体的构思还不错，但我必须指出几个大的问题。首先是问题提出和假说的部分。问题提出是指自己想通过这篇论文了解什么。一般来说，按条目来写就可以了，小王把这个写成了一篇文章，想了解什么也有点含糊不清的。之后，假说最好尽量地设计成和问题提出一一对应的关系。这个也写成了一段文章。这样不好。最重要的问题是问题提出和假说都是集中于仅两个变量，也就是一个自变量和一个因变量之间的关系上。如果可以的话，自变量弄成两个，因变量弄成一个，然后各自调查两个自变量，看其中哪个对因变量产生的影响较大。不仅那样，还可以把两个自变量同时放入模型中进行重回归分析。通过重回归分析调查此时的因变量受到两个自变量怎样的影响。这不也是一件有研究价值的事情吗？
王伟：原来如此，明白了。之后，我会重新考虑，再试着设计一次。
山极：这篇论文到发表之前，因为需要推敲观点，所以要费很多时间和精力。然后，还

需要经常做许多工作才能进行下去。不是那么简单的呀。请多多努力！

王伟：好的，明白了。

山极：此外，日语我就不指导了。这个在进入这所学校学习之前就应该解决。这个也请小王在写论文的时候加工一下。

王伟：好的，百忙之中，能得到您的指导和指点，非常感谢。

（最终发表之后）

山极：发表还顺利吗？

王伟：在发表中，各位教授向我提出了许多问题。因为发表之前已经好几次修改过自己的论文了，所以记得很清楚。这次发表，虽然没有什么大问题，但是对于细小部分的提问，我被难住了，这个还是因为自己的研究能力不够吧。今后需要更进一步的努力。

山极：听了你的这些话感觉还不错。我作为指导老师，为了避嫌，没有出席这次的答辩报告。这也是规定。之后，是否能通过，两三天之后结果就会出来。在那之前，请暂时等待一下。

王伟：好的，明白了。

山极：今天答辩报告已经结束了，请你先回去好好休息一下。如果答辩报告结果出来了，我会给你发邮件的。之后，别忘了认真确认邮件。

王伟：好的，明白了。

（过了几天）

王伟：老师，之前我读了老师发给我的"报告通过"邮件，知道自己已经通过，终于松了一口气。今天很开心来向老师表示感谢。

山极：哪里哪里。你能通过答辩报告也有你自己的努力，当然还有指导的一部分原因，作为指导老师，这些都是分内之事。

王伟：至今，能得到老师许多的指导和指点，真的非常感谢。这种心情不是一句话能够表达清楚的。这是昨天买的点心，是我的一点心意。如果可以的话，请您品尝。

山极：啊啊，点心就算了。能知道你的一片心意就足够了。这个小王你留着自己吃吧。

王伟：这个仅仅是一片心意，至今我得到了老师和大家的许多帮助，我只是一个劲地在接受大家的建议和主意，在研究中却也没能为大家做些事情。现在想起来，还是自己的研究能力和交流能力较弱，我感到非常懊恼。

山极：是啊。好啦，今后还有机会。小王，你能意识到这点，我相信今后你一定会变好的。

王伟：能得到您的鼓励，真的非常感谢！今后我会更加努力的。
山极：对了，今后的发展规划已经定下来了吗？
王伟：定下来了，我已决定回国。回国后，想成为当地一所大学的教师。
山极：是嘛。请一定要加油啊。

● 解説（かいせつ）

107. もしかしたら…かもしれない

「もしかしたら」中的「もしか」是副词，意为"假如""万一""或许"等意思。「もしかしたら」是「もしか」的强调形。「かもしれない」为连语，意为"也许""说不定会""可能"等。「もしかしたら…かもしれない」的惯用句型表示"也许……""很可能……""说不定……"等。「もしかしたら…かもしれない」与「かもしれない」意思类似，不同之处在于前者的可能性小于后者。

例1　もしかしたら彼は来るかもしれない。/他说不定会来。

例2　もしかしたら入学試験に合格するかもしれない。/或许入学考试能合格也未可知。

例3　もしかしたら、研究のことで悩んでいるかな。/不会是为了研究的事情在发愁吧？（本文会话）

108. いまだに

「いまだに」是副词，意为"仍然""尚"。常接否定，「いまだに…ない」意为"至今还不……""至今还没……"。

例1　いまだにこのことを聞いたことがない。/至今尚未听过这件事。

例2　いまだに返事が来てない。/至今还没来回信。

例3　実は、あと、半年ぐらいで、中間発表になりますが、いまだに、研究テーマは決まっていないんですよ。/说实在的，再过半年就要中间报告了，但到现在研究主题还没有确定下来。（本文会话）

109. なかなか…ない

「なかなか」是副词，意为"很""相当""非常"等。「なかなか」后常接否定，「なかなか…ない」意为"总不……""怎么也不……""很难……""老是不……"等。

例1　この方言（ほうげん）はいくら聞いても、なかなか分からない。/这个方言无论怎么听

也听不懂。

例2　図書館で関連する資料と本を探してきて読んだり、授業で他の先輩の意見を聞いたり、いろいろしてきたんですが、やはりいいテーマがなかなかみつからないんですよ。/我从图书馆找来了相关资料和书进行阅读，又在课上听取了其他学长的意见，做了许多事情，但是仍然很难想到很好的题目。（本文会话）

110. もうちょっとで…ところだった

「ところ」作为名词可表示地点、位置、时间、场合、范围、部分等。「ところ」接动词现在时后，表示动作即将发生，「だった」由指定助动词「だ」的连用形「だっ」与过去助动词「た」组成，表示过去。惯用句型「もうちょっとで…（动词现在时）ところだった」与「もうすこしで…（动词现在时）ところだった」均表示"差一点就……""几乎……""险些……"意思。

例1　地下鉄に乗ったときに、もうちょっとで乗り越すところだった。/乘地铁时，险些乘过了站。

例2　初めて来たので、もうすこしで道に迷うところだった。/因初次来，差一点迷路了。

例3　もうちょっとで忘れる所だった。/差点就忘记了。（本文会话）

111. どうりで

「どうりで」为副词，意为"怪不得……"。

例1　最近、君がずっと猛勉強していると聞いているが、どうりでこの前の試験であんなにいい成績を出せたんだ。/我听说你最近一直在拼命学习，怪不得之前的考试你能考出这样好的成绩！

例2　どうりで、最近、研究室の中で、お菓子の甘い香りが漂ってるんだ。/怪不得最近研究室里飘着一股糕点的香甜气味。（本文会话）

112. ちょっとぴんとこない

「ぴんと」为副词，意为"（马上）明白""一提就懂"。「ちょっとぴんとこない」意为"一时间反应不过来"。

例1　ぴんと来る。/立刻就明白（或：一提就懂）。

例2　今までは、中国語バージョンのワードに使い慣れているせいか、日本語バージョンのワードを見て、ちょっとぴんとこないんだ。/可能是由于用惯了中

文版的 word 了，看到日本版的 word，一时间反应不过来了。（本文会话）

113. 教えようか

表示意志的「よう」含有要求、说服、决意或有某方面想法等几种意思。文中以"「よう」+「か」"的形式出现，在这里主要表示说话人有某方面的想法，但是不确定听话人是否认同。

例1　いじめをやめよう！／不要欺负人哟！
例2　大学院に進学しようと思っている。／我正打算进研究生院。
例3　この荷物が重いから、手を貸そうか。／这个行李很重，我帮你一把吧？
例4　それは、私が前の先輩からも教わったことがあるよ。その使いかたを知っているから、教えようか。／这个之前学长教过我呀。我知道这个使用方法，我来教你吧！（本文会话）

114. 一体

「一体（いったい）」作为副词时，意为"究竟""到底"，「か」是终助词，表示反问或责问，意为"啊""呀""吗"。「一体…（だろう）か」意为"究竟……呢？""到底……啊？"等。

例1　いったいそれは本当だろうか。／那究竟是不是真的？
例2　いったい何があったのか。／到底发生了什么事？
例3　内容としては、まとまりに欠け、一体、何を言（か）いたいかはあんまり、はっきりしていないです。／从内容上来讲，缺乏归纳，到底想说什么表达得不是很清楚。（本文会话）

115. とは

「とは」是由表示引用的格助词「と」和表示提示和强调的副助词「は」组成的惯用句型，意思与「というのは」相同，意为"所谓……""所说的……"。

例1　内巻（うちま）きとはいったい何を意味するのか。／所谓内卷，究竟意味着什么呢？
例2　まず、研究対象とは何かをはっきり頭の中でわからなければなりません。／首先，必须搞清楚研究对象是什么。（本文会话）

二十、大学の学習と研究活動（大学学习和研究活动）

116. 気がする

「気がする」接在用言连体形之后，或「ような」「そうな」「みたいな」之后，动作的主体为讲话人自己，意为"我觉得……""我觉得好像……""感觉……""感到……""我想……"等。

例1　今日は寒くて冬のような気がします。/我觉得今天冷得好像冬天一样。

例2　どこかで彼にあったような気がします。/我觉得好像在哪儿见过他。

例3　そのとおり、何か分かってきたような気がします。/原来如此，感觉似乎明白什么了。（本文会话）

117. どうやら…ようだ

「どうやら」为副词，意为"总觉得""好像是""大概"。常与比况助动词「ようだ」相呼应，表示"好像……""似乎……""大概……""看来……"等。

例1　どうやら雨が降るようだ。/好像天要下雨。

例2　王さんは、どうやら、これに十分な時間を使っていないようだ。/小王好像没有花费充分的时间在这上面。（本文会话）

118. なきゃ

「なきゃ」=「なければ」，是口语当中常见的一种表达形式，意思和「なければ」一样，意为"如果不（没）……"。

例1　この冬が寒くなきゃ、北海道に遊びに行きたいなあ。/如果这个冬天不冷，真想去北海道玩啊。

例2　今、言わなきゃ。/现在不说不行了，必须得说了。

例3　前に卒業したあなた達の先輩達にも、よく強調したように、他人の先行研究を引用した場合は、ちゃんと鉤括弧を付けて示さなきゃだめだよ。/如之前跟你们的学长们强调过的那样，在引用他人的先行研究的时候，不加引号明示是不行的。（本文会话）

119. を通じて

「を通じて」接在表示时间、空间的体言后，表示"在……期间""在……范围内"。

「を通じて」接在表示方法、媒介的体言后，表示"通过……""利用……"。

例1　この地区は一年を通じて寒暑の差は大きい。/这个地区全年温差很大。

例2　全国を通じて、国勢調査を実施する。/在全国范围实施人口普查。
例3　問いとは、自分がこの論文を通じて何が分かりたいかを示すというもので。/问题提出是指自己想通过这篇论文了解什么。（本文会话）

120. （疑问词或不定词）+も

「も」接在疑问词或不定词后，和肯定的谓语呼应，表示全面的肯定，而和否定的谓语呼应，表示全面的否定。「何度」是疑问词，意为"几次""几遍"等。「何度も」和肯定的谓语呼应，表示"好几次"；「何人も」和肯定的谓语呼应，表示"许多人"。

例1　体育館に何人もトレーニングをおこなっている。/许多人在体育馆训练。
例2　よく理解するために、テキストを何遍も読んだ。/为了很好地理解，读了好几遍教材。
例3　いま教室にだれもいない。/现在教室里一个人也没有。
例4　どれも要らない。/哪个都不需要。
例5　発表する前に何度も自分の論文を修正していたので、内容はよく覚えています。/因为发表之前已经好几次修改过自己的论文了，所以记得很清楚。（本文会话）

121. 痛くもない腹を探られない

「探られる」是「探る」（五段他动词）的被动态。「腹」意为"腹""肚子""心思""内心"。「腹を探る」意为"刺探他人内心"。在「痛くもない」中，「痛く」是「痛い」的连用形，与助词「も」及形容词「ない」联用，加强否定，意为"并不痛"，引申为"无缘无故"。「痛くない腹を探られる」意为"无故被人怀疑（刺探）"。「痛くもない腹を探られない」意为"不被无缘无故怀疑"。

例　私が指導教官として、痛くもない腹を探られないように、今回の発表に出席しなかった。/我作为指导老师，为了避嫌，没有出席这次的答辩报告。（本文会话）

122. や…など

「や」和「など」均是副助词，均接在体言之后。「や」表示列举同类事物，「など」表示"等"。「や…など」意为"啦……（啦），等等"。

例1　机の上にパソコンやプリンターなどが置いてあります。/桌子上放着电脑啦，打印机啦，等等。
例2　こちらはみなさんから助言やアイデアなどをもらってばかりで、研究中も、何も皆さんにしてあげることができなかったんです。/我只是一个劲地在接受大家的建议和主意，在研究中却没能为大家做些事情。（本文会话）

二十一、アパートを借りる（租房）

単語（たんご）	中文释义
部屋（へや）（名）	房间，屋子
かしこまる（五自）	（接受命令时的回答）是，遵命
賃貸（ちんたい）（名・サ他）	出租
接続（せつぞく）（名・サ自他）	连接，衔接
トイレ（名）	卫生间，洗手间，厕所
風呂（ふろ）（名）	浴池，澡盆
間取り図（まどりず）（名）	房间的布局图
ご覧（ごらん）（名）	（敬）看
仰る（おっしゃる）（五自）	（敬）说，称，叫
全て（すべて）（名・副）	全部，都
敷金（しききん）（名）	押金
家賃（やちん）（名）	房租
ただ（接）	但是，然而
いらっしゃる（五自）	（「行く」「来る」「居る」「ある」的敬语）去；来；在；有
後（あと）（名）	后面；以后；其余，此外
水道料（すいどうりょう）（名）	自来水费
含む（ふくむ）（五他）	包含，包括
予め（あらかじめ）（副）	事先，预先
勿論（もちろん）（副）	当然，不用说，不言而喻
でございます（连语）	（比「です」更郑重的说法）是
決める（きめる）（下一他）	确定；决定
サイン（名・サ自）	签字
どうか（副）	请
無くす（なくす）（五他）	丢失，丧失

会話（かいわ）

（名古屋大学の留学生宿舎は普通一年しか泊まれませんが、一年経ったら、留学生達が学外で家を賃借りする必要があります）

王偉：すみません、部屋をお借りしたいのですが。

不動産業者：かしこまりました。では、賃貸部屋の資料を持ってきますので、おかけになってください。

王偉：できれば、名古屋大学から近いほうがいいと思っています。

不動産業者：あ、それならば、この部屋はどうでしょうか。

王偉：インターネットの接続環境がありますでしょうか、またトイレと風呂はついていますか。

不動産業者：ええ、こちらの間取り図と説明をご覧ください。仰ったものは全てついております。

王偉：それと、一番気になるのは、敷金と礼金、家賃のことですが。

不動産業者：あ、この部屋のことなら、敷金は最初の三か月分の家賃に相当するお金をいただくんですが、礼金はいりません。ただ、保証人が必要となっておりますが、学校とか日本にいる友人とか、保証できる方がいらっしゃれば大丈夫です。後は家賃ですね。毎月の家賃は45 000円で、その中には、2 100円の水道料が既に含まれております。

王偉：あ、そうですか。それならまだ安いほうですね。ちなみに、ガス代と電気代はどうしたらいいでしょうか。

不動産業者：あ、それは、ご利用になる前に、お客様がご自分でガス会社と電力会社と連絡して契約するようになっています。ここの地域なら、東邦ガス、中部電力となっていますので、もし、ガスと電気のご利用のことが気になるのであれば、そちらに予め一度連絡されるとよいと思います。

王偉：はい、分かりました。もう一つ伺いたいことがありますが、インターネットの利用も勿論関係先と連絡すればいいってことですね。

不動産業者：はい、そうでございます。

王偉：分かりました。
　　　あ、これに決めたいと思います。

不動産業者：はい、かしこまりました。契約する前に、部屋をご確認なさいますでしょうか。

王偉：いいえ、このままでも大丈夫ですから。

不動産業者：分かりました。これは契約書ですので、中の注意事項と部屋の物件内
容が書かれております。よくご確認の上で、自動引き落としの銀行名、名義
人、口座番号などを記入していただいた上、印鑑とサインをお願いします。

王偉：はい。

不動産業者：はい、それから、これは部屋の鍵ですが、どうか無くさないようにご注
意ください。もし万が一無くされた場合、新しい鍵を作る時の鍵交換費が必
要になります。予め、ご了承のほどお願い申し上げます。

王偉：はい、ご丁寧なご説明をいただいてどうもありがとうございました。

会 话

（名古屋大学的留学生宿舍一般只安排一年住宿。一年后留学生需要到学校外面租房）

王伟：您好，我想租房。

房产中介：您好。那我去拿一下出租房屋的资料。请稍微坐一下。

王伟：我想如果可能的话，离名古屋大学近一点比较好。

房产中介：啊，如果是这样的话，这间房子怎么样呢？

王伟：有联网吗？带有卫生间和浴缸吗？

房产中介：是的。请看这里的房屋设计图和说明部分。您所说的都是附带的。

王伟：还有，最令我关心的是押金和礼金、租金的事情。

房产中介：啊，如果是这间房屋的话，押金要收取相当于最初三个月的房租的钱。礼金
是不要的，需要担保人。如果学校啦，日本在住的友人啦，可以作担保就没问
题。其他是租金，每月的租金是 45 000 日元，包含了 2 100 日元的水费。

王伟：啊，是这样的啊。这样的话还比较便宜。顺便问一下，煤气费和电费怎么办才
好呢？

房产中介：啊，那个是需要您在使用之前亲自和煤气公司及电力公司联系后签署协议
的。这片地区的话，有东邦煤气（公司）、中部电力（公司）。如果您担心煤气
和电的使用，我认为您还是先和这两家公司联系一下比较好。

王伟：好的，知道了。还想问一件事情。互联网的使用也是和相关公司联系就可以了，
对吧？

房产中介：是的，没错。

王伟：知道了。
啊，我想就这个了。

房产中介：好的，明白了。在签署协议之前，要不要去看一下房屋呢？

王伟：不用了。不看也可以的。
房产中介：明白了。这份是协议书，里面写了注意事项和房屋配置。请在仔细确认后填写自动扣款的银行名、账户持有人姓名、户头号码等，然后再盖章和签字。
王伟：好的。
房产中介：嗯，之后，这把是房间的钥匙，请小心不要丢失。万一丢失了，又会产生配新钥匙的费用，请予以知晓。
王伟：好的，非常感谢您的郑重说明。

● 解説（かいせつ）

123. ほうがいい

「方」为形式名词，用于比较，意为"这一方面"。「ほうがいい」接在"体言+の"、用言连体形之后，类似的表示有「ほうがよい」「ほうがよろしい」，意为"最好……""还是……的好""应该……""……才好"。

例1 医者にみてもらったほうがいい。/最好让医生看看。

例2 現在新型コロナウイルスが流行中だから、観光に行かないほうがいい。/现在新冠病毒流行中，还是不去旅行为好。

例3 できれば、名古屋大学から近いほうがいいと思っています。/我想如果可能的话，离名古屋大学近一点比较好。（本文会话）

124. …とか…とか

「とか」由并列助词「と」和副助词「か」复合而成，接在体言或用言终止形之后，表示列举若干事例。有时用多个「とか」或只用一个「とか」，有时最后一个「とか」不用，而用「など」代替。「…とか…とか」意为"……啦……啦""或者……或者……"。

例1 私は豚肉とか、鶏肉とか、羊肉などの肉類を食べるのが好きです。/我喜欢吃猪肉、鸡肉、羊肉等肉类。

例2 保証人が必要となっておりますが、学校とか日本にいる友人とか、保証できる方がいらっしゃれば大丈夫です。/需要担保人。如果学校啦，日本在住的友人啦，可以作担保就没问题。（本文会话）

125. ようになっている

「ようになっている」接在动词连体形之后，表示事物的客观变化过程正在进行，且可能持续下去。「ようになっておる」是「ようになっている」的郑重说法。与「ようになっている」类似，「ようになる」也表示事物的客观变化过程。它们均有"变得……""变成……""逐渐能够达到……地步"之意，但二者有所不同——时态不同。前者表示进行时，后者表示现在时或将来时；前者有时还可以表示决定、规定的结果。

例1　いつも努力すれば、日本語会話の能力がだんだん向上(こうじょう)できるようになります。/如果不断努力，日语会话能力就能渐渐提高。(「ようになる」表示事物的客观变化过程)

例2　当店はお買いものの場合、クレジットカードもご利用できるようになっております。/您在本店也可刷信用卡购物。(「ようになっております」表示规定的结果)

例3　それは、ご利用になる前に、お客様がご自分でガス会社と電力会社と連絡して契約するようになっています。/那个是需要您在使用之前亲自和煤气公司及电力公司联系后签署协议的。(本文会话)(「ようになっている」表示规定的结果)

126. の上で/た上で

"体言+「の上で」"或"动词连用形+「た上で」"，意为"在……之后""在……的基础上"。

例1　調べた上で仕事の計画を立てます。/在调查之后制订工作计划。

例2　よくご確認の上で、自動引き落としの銀行名、名義人、口座番号などを記入していただいた上、印鑑とサインをお願いします。/请在仔细确认后填写自动扣款的银行名、账户持有人姓名、户头号码等，然后再盖章和签字。(本文会话)

127. どうか…ないように

「どうか」在这里表示"请……"。而「無(な)い」表示否定。「ように」则表示希望、祈愿，这个句型表示"请不要(做)……"。

例1　この約束をどうか忘れないように。/请不要忘记这个约定。

例2　これは部屋の鍵ですが、どうか無くさないようにご注意ください。/这把是房间的钥匙，请小心不要丢失。(本文会话)

二十二、ドライブ（驾车兜风）

単語（たんご）	中文释义
ドライブ（名・サ自）	驾车兜风
暇（ひま）（名）	闲暇，闲空
買い物（かいもの）（名・サ自）	买东西
外食（がいしょく）（名・サ自）	在外面（饭店、食堂等）吃饭
奢る（おごる）（五他）	请客
それじゃ（接）	（「それでは」的口语形）那么
随分（ずいぶん）（副ニト）	相当，非常，很
長らく（ながらく）（副）	很久，好久
バイト（名・サ自）	（「アルバイト」的简语）打工，工读
貯まる（たまる）（五自）	积存，积攒
一生懸命（いっしょうけんめい）（名・形动）	拼命地，努力地
働く（はたらく）（五自）	工作，劳动
稼ぐ（かせぐ）（五自他）	挣钱，赚钱
金持ち（かねもち）（名）	有钱人，富人
中古車（ちゅうこしゃ）（名）	二手车，半新车
見た目（みため）（名）	外表；表面
メンテナンス（名・サ自）	（建筑、机械等的）保养，维护
運転教習所（うんてんきょうしゅうしょ）（名）	驾校
通う（かよう）（五自）	来往，通行，定期往返
始める（はじめる）（下一他）	开始
たっぷり（副・サ自）	充分，足够，绰绰有余

単語（たんご）	中文释义
一人前（ひとりまえ）（名）	一个人的份；成人；够格；独当一面
免許（めんきょ）（名・サ他）	许可，执照
運転免許（うんてんめんきょ）（名）→運転免許状（うんてんめんきょじょう）（名）	驾照，驾驶证
なぜなら（接）	为什么呢，其原因是
ハンドル（名）	方向盘；把手，拉手
右側通行（みぎがわつうこう）（名）	靠右通行
左側通行（ひだりがわつうこう）（名）	靠左通行
勉強（べんきょう）（名・サ自他）	学习；经验，教益
散策（さんさく）（名・サ自）	漫步，散步
一回り（ひとまわり）（名・サ自）	（转）一圈
広々（ひろびろ）（副ト・サ自）	辽阔，广阔；宽敞
湖（みずうみ）（名）	湖
芝生（しばふ）（名）	草坪，草地
茂る（しげる）（五自）	繁茂，郁郁葱葱
森（もり）（名）	森林，丛林，树林
澄み渡る（すみわたる）（名）	晴朗，万里无云
せっかく（副）	特意；好不容易
しかも（接）	而且，并且
のんびり（副ト・サ自）	舒适地，悠闲地
帰宅（きたく）（名・サ自）	回家
暮れる（くれる）（下一自）	天黑，日暮

会話（かいわ）

（先輩の小国さんとドライブで出かける）

小国：王さん、今日、暇？
王偉：暇だよ。どうした？
小国：今日、市内に買い物に行こうと思って、よかったら、王さんも一緒に行かない

か。ちなみに、今日は外食するんだけど。
王偉：いいですよ。ちょっと待っててね。お金の持ち合わせがあるかどうかチェックしてくるから。
小国：大丈夫だよ。こっちが奢るから、お金のことを心配する必要はない。
王偉：本当？ありがとう。それじゃ、せめて、地下鉄とかの交通費はこっちに出させてね。
小国：実は、僕、車を持ってんだ。出かけるには便利だし、わざわざ王さんに交通費を出してもらう必要はないんだ。
王偉：わあ、車を持ってるんだ。すごいね。ずっと前から、随分長らくバイトしてきたから、結構お金が貯まったんだろうね。
小国：まあね。一生懸命働いて稼いだから、それに、僕は金持ちなんかじゃないよ。この車は当時中古車で買ったもので、20万円しかかからなかったんだ。これはこの車の写真だ。
王偉：中古車といっても、その写真から、見た目は綺麗だね。よくメンテナンスしてんだろう。
小国：それは当然だよ。
王偉：小国さんはもう自分で運転できるようになったんだろう。
小国：それはもちろん。半年前に、運転教習所に通い始めた。そこでたっぷり時間をかけて練習していたので、今はもう運転のことは、一人前になったんだ。
王偉：そうなんだ。すごいね。ところで、もし、中国で運転免許が取れたら、日本でそのまま使えるのかな？
小国：それは使えないのに決まっているだろう。なぜなら、日本の通行ルールは中国のとは、まったく逆だから。中国の車は皆、ハンドルは左にある。それと反対に、日本の方は皆、右にある。それに、中国は右側通行だが、日本は左側通行だからね。他にも、いろいろと違う所が多いんだよ。したがって中国で取った運転免許は日本に持ってきても、そのまま、使えないんだよ。日本で運転するなら、一から、運転教習所に通って、新しく、日本専用の運転免許を取っておく必要があるよ。
王偉：小国さんは、両国の交通には、結構詳しいんだね。勉強になった。

(公園で散策)
小国：今日は沢山食べて、腹がもういっぱいになったね。
王偉：そうだね。食べたものをよく消化するために、近くの公園を一回り散策してこ

ようか。
小国：いいよ。
王偉：ここは広々としているんだね、人工の湖と、芝生、それから、青々(あおあお)と茂る森、澄み渡る青(あお)い空(そら)。空気もきれいだ。
小国：そうだね。王さんもここは初めてなのか。
王偉：そうなんだ。
小国：せっかく、遠くからここに来たんだから、しかも、今日はいい天気だし、ここでもっとのんびりこの午後を過ごそうではないか。
王偉：いい考えだね。

(車で帰宅)
小国：もうすぐ日が暮れるので、車で帰ろうか。
王偉：はい、では、運転を、またよろしくお願いしますからね。
小国：OK。

会　话

(和师兄小国驾车出行)
小国：小王，今天有空？
王伟：有空。怎么了？
小国：我今天打算去市里买东西。如果可以的话，小王也一起去吧。顺便说一下，今天在外面吃饭。
王伟：好啊。请稍等。我去确认一下有没有足够的钱再来。
小国：没关系的。我请客。无需担心钱的事情。
王伟：真的吗？谢谢！那乘地铁之类的交通费至少让我出吧。
小国：实际上我是有车的，出门很方便，没有必要特地让小王出交通费的。
王伟：哇，你有车的啊。真了不起！很久以前开始打工，打了这么长时间的工，应该积攒了不少钱吧。
小国：哪里哪里。我是玩命工作赚钱的。而且，我不是什么有钱人。当时这辆车我买的是二手车，仅花了20万日元。这是车的照片。
王伟：虽说是二手车，但从照片看上去很漂亮啊。你经常保养的吧？
小国：那是当然。
王伟：小国，你已经能自己开车了吧？

小国：那当然。我是半年前去驾校的。因为在那边花了足够的时间进行练习，现在在驾车上已经可以独当一面了。

王伟：是嘛。真了不起！另外，如果在中国取得了驾照，也能在日本直接使用吗？

小国：那肯定不能啦。为什么呢？因为日本的通行规则和中国的完全相反。中国的车子都是方向盘在左边。与此相反，日本的都是在右边。而且，中国是靠右行驶，日本是靠左行驶。其他还有很多不一样的地方。因此，在中国取得的驾照即使带到日本来，也不能直接使用。如果打算在日本驾车，还是得从头开始，先进入驾校学习，重新取得日本专用的驾照。

王伟：小国对两国的交通很在行嘛。长知识了。

（在公园散步）

小国：今天吃了很多东西，已经吃不下了啊。

王伟：是啊。为了充分消化肚子里的食物，我们去附近的公园散一圈步吧。

小国：好的。

王伟：这里很空旷啊。除了人工湖和草坪，还有青翠、茂密的森林和万里无云的蓝天。空气也很新鲜。

小国：是的。小王也是第一次来这边吗？

王伟：是的。

小国：好不容易大老远来这里一趟，而且今天又是个好天气，让我们在这里更加悠闲地度过这个下午吧？

王伟：真是个好主意。

（开车回家）

小国：太阳就要下山了。我们开车回去吧？

王伟：好的，那又要麻烦你开车了啊。

小国：OK。

	● 解説（かいせつ）	

128. うと思う

「うと思う」接在五段动词的未然形之后，而「ようと思う」接在非五段动词的未然形之后。「う」和「よう」均是推量助动词，表示说话者的意志、决心或愿望。「と」

为格助词，表示思维活动的内容。「うと思う」及「ようと思う」表示第一人称的想法，意为"想……""要……""想要……"。

例1　この日本語の本を買おうと思っています。/我想买这本日语书。

例2　名門(めいもん)大学に入学しようと思います。/我想要上名门大学。

例3　今日、市内に買い物に行こうと思って、よかったら、王さんも一緒に行かないか。/我今天打算去市里买东西。如果可以的话，小王也一起去吧。（本文会话）

129. 持ち合わせ

「持ち合わせ」意为"持有、现有的东西""现有的钱"。「持ち合わせる」作一段他动词使用，而「持ち合わせ」作名词使用。

例1　今、この品物を賠償(ばいしょう)できる程(ほど)の金は持ち合わせておりません。/我现在手头上没有足够赔偿这个物品的钱。

例2　自転車の修理代を払いたいんですが、今、その金の持ち合わせがないので、ちょっと貸してくれるかな。/我想支付自行车的修理费，但我现在手头上没有那些钱，所以你能借我一点钱吗？

例3　ちょっと待っててね。お金の持ち合わせがあるかどうかチェックしてくるから。/请稍等。我去确认一下有没有足够的钱再来。（本文会话）

130. ちょっと待ってて

「ちょっと待ってて」是「ちょっと待っていて（ください，いただきます，等）」的省略形式。

例　ちょっと待っててね。お金の持ち合わせがあるかどうかチェックしてくるから。/请稍等。我去确认一下有没有足够的钱再来。（本文会话）

131. てくる

「てくる」写成汉字时「て来る」，主要有以下4种用法。

（1）表示以说话人为视角，动作由远及近移动，这时「来る」用在像「帰る」「歩く」「走る」「泳ぐ」「飛ぶ」「乗る」等表示移动的动词て型之后，表示"……过来"。

例　魚が泳いできた。/鱼游过来了。

（2）表示前后两个动作相继发生。先发生「てくる」前面的动词所表示的动作，然后才是表示"来"的「来る」这个动作发生。「て」前面的动词和其后的「来る」

是先后发生的两个独立动作。

　　例　犯人(はんにん)をここに連れてきてください。/请把犯人带到这里来。

（3）表示循环性动作。所表达的情景是去了一个地方，然后又回到原来的场所，即表示完成了一个动作后又回来。

　　例1　ちょっと来客(らいきゃく)の様子(ようす)を見てくる。/我去看一下来访客人的情况就回来。

　　例2　お金の持(も)ち合(あ)わせがあるかどうかチェックしてくるから。/我去确认一下有没有足够的钱再来。（本文会话）

（4）表示时间上经历了从过去到现在，在此过程中某种状态的开始、出现、变化过程、趋势，意为"……来""……起来"。在表示变化的过程时，一般不把「来る」的汉字写出来，而只出现「くる」这一形式。

　　例　薬(くすり)を飲(の)んだおかげで、顔色(がんしょく)がよくなってきた。/多亏了喝药，气色变得好起来了。

132. こっち

「こっち」为代名词，是「こちら」的粗俗说法。属于近称。可表示"这里""这个""这位""我""我们"之意。而中称、远称、不定称分别为：「そっち」/那里，那个；「あっち」/那里，那个；「どっち」/哪里，哪个。

　　例　大丈夫だよ。こっちが奢るから、お金のことを心配する必要はない。/没关系的。我请客。无需担心钱的事情。（本文会话）

133. 持ってんだ

「持ってんだ」是「持っているんだ」的省略语。在日语口语中，由于发音较快，句子中某些部的发音被模糊化处理。比如，这里的「持っているんだ」中的「いる」在口语中往往一带而过，一般只能清楚地听到前面的「て」之前的部分。

　　例　わあ、車をもってんだ。/哇，你有车的啊。（本文会话）

134. に通い始める

「通(かよ)い始(はじ)める」是由「通う」和「始める」组成的复合动词。「始める」作为接尾词接在动词「通う」的连用形「通い」后面。「に」是格助词，表示动作、作用的场所、地点。「通い始める」意为"开始定期到……""开始（经常）去……"。

　　例　半年前に、運転教習所に通い始めた。/我是半年前去驾校的。（本文会话）

135. に決まっている

「に決まっている」接在动词、形容词连体形、体言之后，表示肯定的推断，意为"一定……""肯定……""必然……""必定……"等，与「に違いない」相比，语气更加肯定。

例1　明日の入学試験はパスに決まっている。もう十分準備をしたんだから。/明天的入学考试一定会通过，因为已经进行了充分的准备。

例2　歩いていくなら、間に合わないに決まっているから、ダクシーで行こう。/步行去的话肯定赶不上，打的去吧。

例3　王偉：もし、中国で運転免許が取れたら、日本でも、そのまま使えるのかな？/王伟：如果在中国取得了驾照，也能在日本直接使用吗？

小国：それは使えないのに決まっているだろう。なぜなら、日本の通行ルールは中国のとは、まったく逆だから。/小国：那肯定不能啦。为什么呢？因为日本的通行规则和中国的完全相反。（本文会话）

136. （よ）うではないか（じゃないか）

「う」和「よう」均为推量助动词，「う」接在五段动词的未然形后，而「よう」接在非五段动词的未然形后，含有征求对方同意、劝对方共同行动的语气，较委婉，意为"（让）……吧。"。

例1　もうすぐ終了時間だ。みなさん、もうちょっと、仕事のスピードを上げようではないか。/马上要到收工的时间了。各位，让我们再加快点工作速度吧。

例2　せっかく、遠くからここに来たんだから、しかも、今日はいい天気だし、ここでもっとのんびりこの午後を過ごそうではないか。/好不容易大老远来这里一趟，而且今天又是个好天气，让我们在这里更加悠闲地度过这个下午吧？（本文会话）

二十三、アルバイト（打工）

単語（たんご）	中文释义
ホームページ（名）	主页
求人（きゅうじん）（名・サ他）	招人，雇人，招工
情報（じょうほう）（名）	情报，信息
仕分け（しわけ）（名・サ他）	分类
仕事（しごと）（名）	工作，活
応募（おうぼ）（名・サ自）	应募，报名参加
受付係（うけつけがかり）（名）	接待员，受理员
以降（いこう）（名）	以后
ぴったり（副ト・サ自）	紧紧地；准确无误；恰好
アレンジ（名・サ他）	安排，整理，排列
今度（こんど）（名）	这次，这回；下次
持参（じさん）（名・サ他）	带来（去）
つき（接尾）	（接名词后，有时读「づき」）附带，带
個人履歴書（こじんりれきしょ）（名）	个人简历
ようこそ（连语）	（对来访者表示欢迎的话）欢迎
または（接）	或，或者
拝見（はいけん）（名・サ他）	（自谦）拜见
きつい（形）	严厉的，苛刻的；吃力的，累人的
対応（たいおう）（名・サ自）	对应，相适应
給料（きゅうりょう）（名）	工资，薪水
かける（下一他）	乘，乘法
リーダー（名）	领导人；指挥者

単語（たんご）	中文释义
投げ込む（なげこむ）（五他）	投入，掷入，抛进
紙の箱（かみのはこ）（名）	纸箱，纸盒
入る（はいる）（五自）	进入；装进，放入
表（おもて）（名）	正面；表面
向き（むき）（名）	（朝着的）方向
天地（てんち）（名）	天地，宇宙；（货物等的）上下
逆（ぎゃく）（名・形动）	颠倒；相反
花弁（はなびら）／（かべん）（名）	花瓣
上向き（うわむき）（名）	朝上
骨（こつ）／（ほね）（名）	遗骨；诀窍，秘诀，要领
縁（ふち）／（えん）（名）	边，边沿，边缘
持ち上げる（もちあげる）（下一他）	拿起，举起，抬起
一気（いっき）（名）	一口气
ベルトコンベヤー（名）	皮带传输机
水平（すいへい）（名・形动）	水平
押し込む（おしこむ）（五他）	塞进；勉强装入
真似（まね）（名・サ自）	模仿，效法
覚える（おぼえる）（下一他）	学会，掌握

会話（かいわ）

（電話で物流会社と連絡している）

王偉：すみません。TownWork（タウンワーク）のホームページから貴社の求人情報を見ました。仕分けの仕事に応募させていただきたいと思います。

受付係：はい、留学生の方でしょうか。

王偉：はい、そうです。

受付係：うち、留学生でもかまいませんが、日本語は大丈夫ですか。

王偉：ええ、日本語能力試験一級を取っていますから、日本語は大丈夫です。

受付係：それならいいけど、学校はどうですか。時間を空けられますか。長期でやれ

ますかね。

王偉：今は、学校の授業は毎日朝の9時から午後1時までの4時間となっておりますが、つまり、午後の3時以降は全部空いています。TownWork(タウンワーク)のホームページで見ました。貴社の求人情報に書いてある勤務時間は幾つかの選択可能なものがありますが、そのうちの、午後3時から夜の10時までの時間帯はこちらの条件にぴったりです。ですので、その時間帯で応募させていただきたいと思います。最短(さいたん)でも一年でもやれます。

受付係：そうですか。分かりました。それでは、ちょっと面接をアレンジしたいと思いますので、今度、いつこられますか。

王偉：はい、今日の午後ずっと空いていますので、できれば、午後1時ぐらいそちらにちょっと伺いたいと思います。

受付係：分かりました。それでは、持参してほしいものは、写真つきの個人履歴書、資格外活動許可証、在留カード、または銀行カードです。これらを一緒にもってきてもらえますか。

王偉：はい、分かりました。では、午後1時ぐらいに参りますので、また、よろしくお願い申し上げます。

受付係：はい、分かりました。

(面接で)

面接官：ようこそいらっしゃいました。まず、写真つきの履歴書、在留カードまたはパスポート、それと資格外活動許可証を拝見してもいいですか。

王偉：はい、こちらでございます。

面接官：留学生ですね。うちは物流会社で、毎日最低6時間働かないといけないです。重いものを運んで行ったり来たりするので、体力的にちょっときついけど、大丈夫かね。

王偉：体力的には自信があります。時間的には午後3時から夜の10時まで空いていますので、十分対応できると思います。

面接官：はい、分かりました。履歴書、在留カードと資格外活動許可証を拝見しました。それで、来週の月曜日に来てほしいんだけど、大丈夫かね。

王偉：ええ、大丈夫です。

面接官：はい。それでは、給料について簡単な説明させていただきますが、時給で1 100円、一日5時間働けば、5 500円がもらえます。また、交通費も別途にです。往復金額を支給します。夜10時を超えて働いた場合は、時給は深夜単

価で1.25倍をかけた金額になります。がんばってね。

王偉：はい、分かりました。ご丁寧なご説明をどうもありがとうございました。しっかり働きます。

現場リーダー：この仕事、やったことある？

王偉：初めてです。

現場リーダー：それでは、ちょっとやり方について説明しますからね。

現場リーダー：Aラインは大体このようで、Bラインは、コンベヤにものを投げ込むだけで、ただ、花に特に注意する必要がある。花は、紙の箱に入っているが、表面の、置く向きの標識を確認してやっていく必要がある。横や天地逆になるのは禁止。必ず、花弁が上向きになるままで運んでください。後、重いものを運ぶこつは、物をベルトコンベヤーの縁まで持ち上げてきて、一気にベルトコンベヤーの上に水平に押し込むってことだ。まわりの人の様子を見て真似すればすぐ覚えるから。また、何かわからなかったら、何でも聞いてください。

王偉：分かりました。

会　话

（正通过电话和物流公司联系）

王伟：您好。我是从 TownWork 的主页上看到贵公司的招募信息的。我想应聘分货的工作。

接待员：好的。您是留学生吗？

王伟：是的，没错。

接待员：我们也招留学生的。日语没问题吧？

王伟：是的，日语没有问题。我已经取得了日语能力考试一级了。

接待员：那样的话应该可以的。学校没问题吧？能空出时间吗？能长期工作吗？

王伟：现在学校的课是从每天早晨9点到下午1点，4个小时。也就是说，下午3点以后都有时间。我在 TownWork 的主页看过了。贵公司的招聘信息里写着的工作时间有几种选择。其中，从下午3点到夜里10点之间的时间段很契合我的时间。所以，我想应聘这个时间段。最少也能干一年。

接待员：是嘛。明白了。接下来我想安排一下面试，你下次什么时候能来？

王伟：今天下午有时间。如果可以，想在下午1点左右去你们那里拜访一下。

接待员：明白了。接下来，我说一下要带的东西。带照片的个人简历、资格外活动许可

证、在留卡或者银行卡。能把这些东西一起带来吗?
王伟:可以的,明白了。那我约下午 1 点过来,还请多多关照。
接待员:好的。

(在面试中)
面试官:欢迎您的到来。首先,看一下带照片的简历、在留卡或者护照,还有资格外活动许可证,可以吗?
王伟:可以的,这些就是。
面试官:您是留学生啊。我们这里是物流公司,每天需要最少工作 6 小时。要搬很重的东西走来走去,耗体力,没问题吧?
王伟:体力上我有自信。时间上从下午 3 点开始到晚上 10 点都有空闲,我想我能完全应付。
面接管:好的,明白了。我看过您的简历、在留卡和资格外活动许可证了。我想请您下周一就过来,没问题吧?
王伟:是的,没问题。
面试官:好的。接下来,我想简单说明一下工资的事情。时薪 1 100 日元,如果工作 5 小时,能拿到 5 500 日元。另外,交通费会另付,付往返的费用。夜里超过 10 点的情况下,超过部分的时薪是在深夜单价的基础上再乘以 1.25 倍后得到的金额。加油啊!
王伟:好的,明白了。非常感谢您郑重的说明。我会努力工作的。

现场工头:这个工作您干过吗?
王伟:我是第一次干。
现场工头:那我就稍微做一下说明。
现场工头:A 流水线大概是这样的。B 流水线只要将货物投入传输机,只是需要特别关注一下花。花装在纸盒里,需要确认纸盒表面的放置方向的标记。横过来放或者颠倒放都是不允许的。请一定保持花朵朝上进行搬运。另外,搬重物的秘诀是把货物搬到皮带传输机的边缘处,然后一口气水平推入皮带传输机上,看看周围人是怎么干的马上就会了。如果还有什么不明白的地方,请尽管提问。
王伟:明白了。

● 解説（かいせつ）

137. 応募させていただきたい

「応募させていただきたい」中的「たい」是助动词，前接动词连用形，其词尾变化形式和一类形容词（「い」形容词）变化形式相同，意为"想……""要……"，表示说话人、对方或第三者希望。只是用于第三者希望的时候，一般用于推量或传闻形式的句子中。

例　寺尾（てらお）さんは中国に行きたいそうです。/听说寺尾先生想去中国。

而撤去表示希望的「たい」，剩下是「応募させていただく」，其实就是动词「応募する」的谦让语的敬语形式。词干「応募」后面的「させていただく」与「する」相对应。也就是说当动词本身是サ变动词，在需要用到其谦让语形式的时候，词干后的「する」就要变成「させていただく」。

例1　終了する　→　終了させていただく（谦让）
例2　監督する　→　監督させていただく（谦让）
例3　中止する　→　中止させていただく（谦让）

另外，不仅如此，少数本身含有自谦意义的サ变动词，可以通过以上变化形式，使其自谦语气更加强烈。

例1　見る　→　拝見する（谦让・普通）　→　拝見させていただく（谦让语气更强）
例2　読む　→　拝読する（谦让・普通）　→　拝読させていただく（谦让语气更强）
例3　仕分けの仕事に応募させていただきたいと思います。/我想应聘分货的工作。（本文会话）

以上变形仅限于敬语语法中的谦让形式的变形，不能用于敬语语法中的敬他形式。自谦是指降低自身，无形中抬高对方。敬他是直接对他人表示尊敬，无形中降低自己。两者的功能指向是相反的。

138. ようこそいらっしゃいました

「ようこそ」是连语，意为"欢迎"，用来表示对来访者的欢迎。「いらっしゃいました」是「いらっしゃる」（「行く」/去、「来る」/来、「居る」/在、「ある」/有的敬语）的过去或完成的形式，此处表示"您来了"。「ようこそいらっしゃいました」意为"欢迎您的到来！"

139. てもいい

「てもいい」接在用言连用形（五段动词音便形）之后，而在体言之后接「でもいい」。类似的表达有「てもよい」「てもよろしい」等，表示许可、提议、让步等。相当于汉语的"……也可以""也可以……""……也行"等意思。

例1　ここで煙草(タバコ)を吸ってもいいですか。/这儿可以抽烟吗？

例2　明日休日だから、早く起きなくてもよい。/明天是假日，不早起也可以。

例3　午前はご都合が悪ければ、午後でもよろしいです。/您如果上午不方便，下午也可以。

例4　まず、写真つきの履歴書、在留カードまたはパスポート、それと資格外活動許可証を拝見してもいいですか。/首先，看一下带照片的简历、在留卡或者护照，还有资格外活动许可证，可以吗？（本文会话）

140. で御座います（でございます）

日语敬语一般可分为尊敬语、谦让语和郑重语三种。「でございます」是指定助动词（或称为判断助动词）「だ」和「である」郑重语。指定助动词「です」是「だ」的郑重语，表示"是"。「でございます」向对方表示恭敬的程度（郑重的程度）高于「です」「であります」。另外「ございます」是作为「ある」的郑重语，表示"在""有""存在"。「ございます」向对方表示恭敬的程度高于「あります」。

例1　これは本社の経営理念(けいえいりねん)でございます（です）。/这是本公司的经营理念。

例2　両親(りょうしん)からもくれぐれもよろしくとのことでございます。/家父家母嘱咐我让我代他们向您问好。

例3　はい、こちらでございます。/可以的，这些就是。（本文会话）

141. てほしい

形容词「ほしい」的意思是"希望得到的""需要的"，与接续助词「て」组成惯用句型「てほしい」，接在动词连用形之后，表示"希望……""要求……""想……"。在五段动词连用形的音便形及否定助动词「ない」后是「でほしい」的形式。

例1　あなたは会議に参加してほしい。/要求你参加会议。

例2　君は大声(おおごえ)で本を読んでほしい。/希望你大声念书。

例3　雨が降らないでほしい。/希望别下雨。

例4　来週の月曜日に来てほしいんだけど、大丈夫かね。/想请你下周一就过来，没问题吧？（本文会话）

142. まま（で/に/を）

「まま」为名词，接在动词连体形、"体言+「の」"的后面，表示原样不变、原封不动、照旧的状态。

例1　彼は出かけたまま帰ってこない。/他离家后，一直没有回来。

例2　このままでのろのろ歩いて行っては遅刻するかもしれない。/这样慢腾腾地走去，说不定会迟到。

例3　感想文を書くときには自分の深い印象を感じたままを書けばいい。/写感想文时，将自己感觉到的深刻印象照直写就行。

例4　必ず、花弁が上向きになるままで運んでください。/请一定保持花朵朝上进行搬运。（本文会话）

143. って

「って」是助词，是如下各种表达的口语形式，可用「って」取而代之。

（1）表示动作、作用的内容，提示「って」前面被表达的内容，相当于格助词「と」。

例　この果物は蜜柑(みかん)って呼びます。/这种水果叫作桔子。

（2）相当于「という」，放在句子的最后时，意为"据说……""听说……"。

例　この辺りは最近、電線の張(は)り替(か)え工事でトラブル発生したため、長時間停電したって。/听说这一带因为在重铺电线的工作中发生了纠纷，导致了长时间的停电。

（3）相当于「というのは」（或「とは」，相当于提示性副助词的作用）。

①对事物进行解释说明，意为"所谓……，就是……"。

例　私立学校って、学校の法人が設立した学校のことです。/所谓私立学校，就是由学校法人设立的学校。

②引用传闻内容，意为"据说……""所说的……"。

例　李さんが来年帰国するって、本当ですか。/据说小王明年要回国了，是真的吗？

③与「から」「ため」等连用，解释原因，相当于"之所以……是因为……""这是因为……的缘故"。

例　工事現場で働くならヘルメットをかぶったほうがいいって、安全第一なんだから。/如果是在工地作业的话，最好戴上安全帽。这是因为安全才是第一位的！

（4）重复对方刚说过的话，表示怀疑、惊讶、出乎意料或强烈反问和否定。相当于「ということだ」，表示"决不……""怎么会……呢"等。

例　甲：その人が死んだ。/甲：那个人死了。

　　　乙：えっ！死んだって？/乙：怎么！死啦？（表示不相信）

（5）起到强调的作用。

在以上各种表达的口语形式中，用「って」接在体言或活用词终止形后面表示提示，语气显得较随便，但「って」不适合用于跟上级、长辈的说话。

例　重いものを運ぶこつは、物をベルトコンベヤーの縁まで持ち上げてきて、一気にベルトコンベヤーの上に水平に押し込むってことだ。/搬重物的秘诀是把货物搬到皮带传输机的边缘处，然后一口气水平推入皮带传输机上。（本文会话）

二十四、飲食店で（在饮食店）

単語（たんご）	中文释义
焼肉屋（やきにくや）（名）	烤肉店
二人席（ににんせき）（名）	两个人的座位
マトンのチョップ（名）	羊排
前（まえ）（接尾）	份（表示相当的分量），等于，相当于
豚タン（ぶたタン）（名）	猪舌
牛ホルモン（ぎゅうホルモン）（名）	牛肠
どのくらい（连语）	多么（大小、远近），多少（时间、价钱、数目等）
レアミディアム（名）	（肉）烹调得嫩；半熟，中等熟
マクドナルド（名）	麦当劳
腹（はら）（名）	腹，肚子
ソーセージ（名）	香肠
エッグ（名）	鸡蛋
マフィン（名）	松饼，小松糕
ダブル（名）	对，双，两倍，双重
バーガー（名）	汉堡
マーポー豆腐（マーポーとうふ）（名）	麻婆豆腐
チャーハン（名）	炒饭
炒め合わせ（いためあわせ）（名）	炒在一起，合炒
飲み物（のみもの）（名）	饮料

会話（かいわ）

(焼肉屋で)
店員：いらっしゃいませ。
小国：二人席が欲しいんですが。
店員：はい、どうぞ、こちらです。
小国：どうも。
店員：メニューはこちらです。ご注文はいかがですか。
小国：このマトンのチョップを、二人前、それから、この豚タンと牛ホルモンを二人前お願いします。飲み物はカルピスで、これも二人分でお願いします。
店員：はい、かしこまりました。
小国：それから、この焼肉料理も注文したいんですが、時間はどのくらいかかりますか。
店員：そうですね。10分ほどでできますよ。
小国：はい。ではこれを二人前でお願いします。
店員：焼き加減(かげん)はいかがしましょうか。
小国：私の分は、レアミディアムでお願いします。
店員：はい、かしこまりました。
王偉：私も同じで結構です。
店員：はい、かしこまりました。
王偉：この店はすごく広いんだね。
小国：うん、ここは、前に何回か来たことがある。味が結構、独特(どくとく)で、王さんにも紹介しょうと思っていたから、今日ここまで連れてきたんだ。
王偉：小国さんはよく気のきく人だね。
小国：いや、とんでもない。
王偉：(店員の方に顔を向けて) すみません。冷たい水一杯お願いします。
店員：はい、冷たい水です。どうぞ。
王偉：あ、どうも。

(一週間後の土曜日、マクドナルドで)
王偉：小国さん、お腹がすいたんだろう。そちらにマクドナルドがあるから、一緒に行こう。
小国：いいとも。

(二人が店に入った)

王偉：小国さん、私が注文に行きますから、こちらでちょっと座って待っててね。何が食べたい？

小国：僕は何でもいいですよ。

王偉：はい、分かった。じゃ、行ってくる。

店員：いらっしゃいませ。何にされますか。

王偉：ええと、このソーセージエッグマフィンを一つと、そのダブルチーズバーガーを一つ、あと、コーラ、Mサイズのを二つ、お願いします。

店員：かしこまりました。ええと、ソーセージエッグマフィン一点、ダブルチーズバーガー一点、あと、コーラのMサイズを二点、合わせて四点でよろしいですか。

王偉：はい。そうです。

店員：はい、合計金額は、2 610円です。

王偉：はい。3 000円です。

店員：はい、3 000円頂戴いたしました。390円のおつりです。どうもありがとうございました。

(更に一週間経って中華料理店で)

店員：いらっしゃいませ。

小国：すみません。二人席はありますか。

店員：ありますよ。ご案内いたします。はい、こちらです。

小国：はい、どうも。

店員：こちらはメニューです。

小国：ええと、マーボー豆腐を一つと、チャーハンを二人前と、トマトと卵の炒め合わせを一つでお願いします。

店員：はい、飲み物は何になさいますか。

王偉：烏龍茶を二つお願いします。

店員：はい、かしこまりました。すぐできますから、お待ちになってくださいませ。

会 话

(在烤肉店)

店员：欢迎光临！

小国：想要两个人的座位。

店员：好的，这边请。

小国：非常感谢！

店员：菜单在这边。您想点什么菜。

小国：这个羊排麻烦来两份。然后，来两份猪舌和牛肠。饮料要可尔必斯，也是两份。

店员：好的，请稍等。

小国：之后这个烤肉也想要，要等多长时间呢？

店员：这个啊，要10分钟左右。

小国：好的。那给我来双人份。

店员：您想要烤到什么程度？

小国：我的那份麻烦半熟。

店员：好的，明白了。

王伟：我的也一样。

店员：好的，明白了。

王伟：呀，这家店挺宽敞的。

小国：是的，这里以前来过几次。味道很独特，我也一直想介绍给小王的，今天就带你过来了。

王伟：小国真是个很周到的人啊！

小国：哪里的话呢。

王伟：(朝着店员那边) 不好意思，请给我一杯冰水。

店员：好的，冰水来了。请慢用。

王伟：非常感谢！

(一个星期以后的周六，在麦当劳)

王伟：小国，饿了吧！那边有一家麦当劳，我们一起过去吧。

小国：当然好呀！

(两个人进了店)

王伟：小国，我去下单，你坐在这里等我一下。你想吃什么？

小国：我什么都可以的。

王伟：好的，知道了。那我去一下马上回来。
店员：欢迎光临。您想吃点什么？
王伟：嗯。麻烦给我一个香肠鸡蛋泡芙和双层芝士汉堡，然后再给我两杯中杯的可乐。
店员：明白了。嗯，香肠鸡蛋泡芙一份，双层芝士汉堡一份，然后中杯的可乐两份，一共是四份，对吗？
王伟：对的，没错。
店员：好的。金额一共是 2 610 日元。
王伟：好的。3 000 日元。
店员：好的。收您 3 000 日元。找您 390 日元。非常感谢。

（又过了一个星期，在中华料理店）
店员：欢迎光临。
小国：您好，请问有两个人的座位吗？
店员：有的。我带您过去。您好，是这里。
小国：好的，谢谢。
店员：这是菜单。
小国：嗯，麻婆豆腐来一份，炒饭来两份，再来一份番茄炒鸡蛋。
店员：好的，想喝点什么饮料呢？
王伟：请来两份乌龙茶。
店员：好的，明白了。菜马上就好，请两位稍等。

● 解说（かいせつ）

144. 副助词「ほど」

「ほど」作为副助词时，接在数词的下面，表示大概的程度、数量，意为"大概""大约""上下""左右""前后"等。

例1　一週間ほど経てば試験が始まる。/再过大约一星期就开始考试。
例2　教室にはまだ十人ほど残っている。/教室里还剩10来个人。
例3　そうですね、10分ほどでできますよ。/这个啊，要10分钟左右。（本文会话）

145. 加減

「加減」可作为名词使用，表示数学的加和减、加法和减法，此外，还有"调节，

调整"等意思；还可作为接尾词，接在动词连用形和表示状态的名词后，表示程度。

例1　加減 乗 除/加、减、乘、除

例2　エアコンでへやの温度を加減する。/用空调调节室温。

例3　この料理の味加減がちょうどいい。/这道菜的道正好。

例4　このスープの塩加減を見てください。/请尝尝这个汤的咸淡。

例5　焼き加減はいかがしましょうか。/您想要烤到什么程度？（本文会话）

146. 终助词「とも」

终助词「とも」接句末的用言、助动词的终止形后，表示不言而喻、十分肯定的语气，相当于汉语的"一定""当然""没问题"等。

例1　A：明日行きますか。/A：明天去吗？

　　　B：もちろん行きますとも。/B：当然去啦！

例2　A：しっかりと勉強しなさい。/A：好好学习！

　　　B：しますとも。/B：一定好好学习！

例3　王偉：小国さん、お腹がすいたんだろう。そちらにマクドナルドがあるから、一緒に行こう。/王伟：小国，饿了吧。那边有一家麦当劳，我们一起过去吧。

　　　小国：いいとも。/小国：当然好呀！（本文会话）

147. なさる

「なさる」是五段自动词「する」的敬语，意为"做""干""搞"。「なさる」的连用形为「なさり」和「なさい」，接在助动词「ます」前时为「なさいます」。

"敬语接头词「お」或「ご」+动词连用形或サ变动词词干+补助助动词「なさる、くださる」"构成尊敬语。加补助助动词「なさる」构成的尊敬语所表示的尊敬程度比加「くださる」的要低，多用于亲密的朋友之间或对晚辈、下级的场合。

例1　もうすぐ発車ですから、早くお乗りなさい。/马上就要开车了，请早点上车吧！

例2　飲み物は何になさいますか。/想喝点什么饮料呢？（本文会话）

二十五、旅游（旅游）

単語（たんご）	中文释义
ゴールデン（造语）	金的，金色的
ルート（名）	途径，路线
朝一番（あさいちばん）（名）	一大早，大清早
古都（こと）（名）	古都
庭園（ていえん）（名）	庭园
寺（てら）（名）	佛寺，寺院
幾度も（いくども）（副）	好几次
思い出（おもいで）（名）	回忆，纪念
紅葉（もみじ）（名・サ自）	树叶变红或变黄，红叶
残念（ざんねん）（名・形动）	悔恨，遗憾，抱歉
見物（けんぶつ）（名・サ他）	游览，观赏
日（ひ）（名）	太阳，日；白天
なら（接）	（「それなら」的口语缩略）那么，如果那样
金閣寺（きんかくじ）（名）	金阁寺
金色（きんいろ）（名）	金色
シャッター（名）	快门
旅人（たびびと）（名）→（旅行者）りょこうしゃ（名）	旅客，旅行者
ポーズ（名）	（模特等的）姿势
清水寺（きよみずてら）（名）	（京都最古老的寺院）清水寺
音羽山（おとわやま）（名）	（位于京都市东部）音羽山
中腹（ちゅうふく）（名）	半山腰
世界文化遺産（せかいぶんかいさん）（名）	世界文化遗产
塔（とう）（名）	塔

単語（たんご）	中文释义
三重塔（さんじゅうのとう）（名）	三重塔
名（な）（名）	名称
舞台（ぶたい）（名）	舞台
おおよそ（副）	大约，大致
メートル（名）	（长度单位）米
柱（はしら）（名）	柱，支柱
支える（ささえる）（下一他）	支撑；维持；支持
眺める（ながめる）（下一他）	眺望
格別（かくべつ）（形动・副）	特别，格外
滝（たき）（名）	瀑布
源流（げんりゅう）（名）	源流，水源
長寿（ちょうじゅ）（名）	长寿
成就（じょうじゅ）（名・サ自他）	成就；完成；实现
めでたい（形）	值得庆贺的，可喜可贺的，幸运的
表す（あらわす）（五他）	表示；表现
願い（ねがい）（名）	愿望，心愿；请求
祈願（きがん）（名・サ他）	祈祷
一口（ひとくち）（名）	一口，一次
わくわく（副ト・サ自）	心情不平静，紧张不安
嵐山（あらしやま）（名）	岚山（日本京都著名风景区）
西郊外（にしこうがい）（名）	西郊外
詩碑（しひ）（名）	诗碑
拝謁（はいえつ）（名・サ自）	拜谒
遥々（はるばる）（副）	远，遥远；远道而来（去）
麓（ふもと）（名）	山麓，山脚下
刻みつける（きざみつける）（下一他）	刻上
観光地（かんこうち）（名）	观光地
景勝地（けいしょうち）（名）	风景秀丽的地方
きれい（形动）	美丽，好看

単語（たんご）	中文释义
控える（ひかえる）（上一自）	在近旁
清らか（きよらか）（形动）	清澈
底（そこ）（名）	底，最低处
透き通る（すきとおる）（五自）	透明，清澈
素敵（すてき）（形动）	极好；极漂亮
大堰川（おおいがわ）（名）	大堰川
アニメ（名）→アニメーション（名）	动画片
探偵（たんてい）（名・サ他）	侦探
恋歌（れんか）（名）→こいうた（名）	恋歌，情歌
テーマ曲（テーマきょく）（名）	主题歌
渡月橋（とげつきょう）（名）	渡月桥
なんか（代）→なにか（代）	什么，某些

会話（かいわ）

小国：王さん、もうすぐ夏休みになるから、一緒に旅行にいきませんか。

王偉：いいとも。じゃ、どこに行きましょうか。もう決めたんですか。

小国：そうだね。よくゴールデンルートと言われている京都・大阪・神戸という3都市に行きたいと思っているんだ。具体的には、名古屋から出発して、最初に、京都市内で観光する、それから、大阪へ、その後は、神戸市に行くと考えている。戻りは神戸から出発して、大阪と京都を経由して最後に名古屋につく。都市間の交通はJapan Railwaysで、都市内の交通なら、バスか地下鉄で、もしくはタクシーでもいいから、と考えているんだ。王さんはどう思う？

王偉：いい考えではありませんか。

小国：じゃ、今日一日、荷物を片付けて、明日の朝一番から起きて、それから、JRで京都へと出発しょうか。

王偉：OK、分かった。

（京都市内で）

王偉：京都は有名な古都です。ここには古い庭園とお寺が多いです。どちらから最初

に見ていくか、悩みますね。
小国：大丈夫だよ。出発する前は、既に、旅(たび)の計画を作ってありますから、これを元にすれば、迷うことがなかろう。
王偉：そうですか。僕は、京都は、初めてですから、右も左もわかりませんので、すべて小国さんに任せるしかないんで、申し訳ないですね。
小国：そんなことはないですよ。さて、京都は昔(むかし)は平安京(へいあんきょう)と呼ばれていた。幾度も日本の首都として確立されてきた1200年余りの歴史を持っている古都です。
王偉：京都の紅葉が有名だと聞いていますが、今回のこの機会でいっぱい写真を取って、いい思い出を残していきたいなあ。
小国：実は、京都の紅葉が10月末から始まるので、今は、まだその季節になっていないんだよ。
王偉：あ、そうですか。ちょっと、残念。
小国：まだまだ機会がある。大丈夫ですよ。ただ、二人共、もうちょっと行動を速くしたほうがいいと思っている。これから、いっぱい見物するには、すごく時間がかかるから、また適当に買い物する時間も残したい。日が暮れる前に、旅館につくといいんだけど。
王偉：私もそう思う。それなら、タクシーでいこうか。
小国：そうしよう。

(金閣寺で)
王偉：ここは静かで緑の多い所ですね。あの金色の建物は金閣寺ですね。ここで一枚写真を取ろうか。
小国：そうですね。二人で取りましょうか。
　　　すみません。二人で写真を撮りたいので、シャッターを押していただけませんか。
旅人：いいですよ。
(二人でポーズをしている所)
旅人：はい、いいですか。チーズ。はい、これでどうでしょうか。
王偉：どうも、ありがとうございます。
小国：どうも、ありがとうございます。

(清水寺で)
小国：ここは京都の東部に位置する、音羽山(おとはやま)という所です。京都で一番古い

「清水寺」という有名なお寺が音羽山の中腹にあります。

王偉：清水寺は聞いたことがあります。今は、既に、世界文化遺産に入っています。

小国：ええ。その前にある高い塔は三重塔という名です。これも世界文化遺産に入っています。この他にもは、世界文化遺産としてのものが多数あります。

王偉：すごいですね。

（二人で暫く歩いていた）

王偉：この舞台は大きいですね。何という名前ですか。

小国：ここは「清水の舞台」というんです。この下には沢山の、長さがおおよそ12メートルの木の柱がこの舞台を支えています。ここから眺めた京都の風景も格別なものでしょう。

王偉：ええ。

小国：寺内には、音羽滝からの源流は三つに分かれて、それぞれ、長寿、学業成就、恋愛成就というめでたい意味を表している。源流には自分の願いを祈願することができますが、祈願した願いを叶えるために、三つの源流から一つだけを選び、その源流の水を一口だけ飲むようにしなければならないと言われています。

王偉：そうですか。その話を聞くと、なんだか、こちらもわくわくしてきて、早く見にいきたいなあ。

小国：せっかく二人共、同じ大学で勉強する機会ができたのだから、一緒に学業成就のことを祈願してみませんか。

王偉：いいとも。

（嵐山で）

王偉：もうすぐ、嵐山に着くんですか。

小国：はい、そうですね。ここはもう京都の西郊外に来ています。

王偉：嵐山には周恩来総理の詩碑があって、沢山の中国人がその詩碑を拝謁するために遥々遠くからここに来ていると聞いていますが、そうでしょうか。

小国：ええ、そうです。嵐山の麓に亀田公園という所があって、そこには周恩来総理の詩碑があります。日中両国で友好条約を結んだことを記念するために、日本友好団体が出資して周恩来総理の『雨中嵐山』の詩を刻みつけた詩碑を建てました。嵐山は京都の有名な観光地で、「京都一番の景勝地」という称号があります。

王偉：あ、きれいな川ですね。山に控えて、水が清らかで、底が透き通って見える。

その上に、大きな橋があって、ここの空気もいいから、結構素敵な所だ。
小国：その川は大堰川（おおいがわ）と呼ぶ。その橋は渡月橋（とげつきょう）と呼ぶんだ。
王偉：素敵な名前ですね。あ、そういえば、前テレビで見たことがあるアニメで、確か、「名探偵コナン劇場版」という名前で、そのアニメのサブタイトルは「唐紅の恋歌」だった。そのテーマ曲は「渡月橋、君想ふ」という名だったけど、この橋とはなんか関係があるじゃないかな。
小国：あるかもね。

会　话

小国：小王，马上要到暑假了。要不要一起去旅游？
王伟：好呀。那去哪里呢？你已经决定了吗？
小国：是啊。我想去大家经常说的黄金路线的京都、大阪、神户这三大城市。具体我考虑从名古屋出发，一开始在京都观光，然后去大阪，在那之后去神户市。返程从神户出发，经由大阪和京都，最后达到名古屋。城市内的交通用 Japan Railways，城市内的交通的话，乘坐公交车或地铁，或者出租车也可以。我是这么考虑的。小王，你是怎么想的呢？
王伟：考虑得不错嘛！
小国：那，今天一天整理行李，明天一大早起床，然后乘 Japan Railways 向京都出发吧。
王伟：OK，知道了。

（在京都市内）

王伟：京都是有名的古都，这里有很多古代的庭园和寺庙。从哪里先看起呢，有点头疼啊。
小国：没问题的。出发之前，早就做好旅行攻略了。根据这个攻略，不会迷路的吧。
王伟：是嘛。我是第一次来京都。初来乍到的，只能全交给小国了，不好意思啊。
小国：没事的。且说，京都过去被称为平安京，几次都被确立为日本的首都。京都是个有1 200多年历史的古都。
王伟：我听说京都的红叶很有名，我想趁此机会拍够照片留下，留下美好的纪念。
小国：是这样的，京都的红叶从10月末开始，现在还没有到那个季节哟。
王伟：啊，是嘛。有点遗憾。
小国：还有机会。没关系的。只是我在想两个人都行动快一点比较好。之后，为了游览更多的东西，要花很多时间，也想适当地保留购物的时间。在太阳下山之前如果

能到旅馆就好了。

王伟：我也这么想。那我们乘出租车去吧。

小国：就这么办。

（在金阁寺）

王伟：这个地方很安静，而且绿色很多。那个金色的建筑物是金阁寺吧。在这里拍张照片吧？

小国：好呀。两个拍张合影吧。

　　　　对不起，我们想合影。能麻烦您帮我们按一下快门吗？

旅客：好啊。

（两个人正在摆姿势）

旅客：好，可以了吗？茄子。好了，拍得还行吧。

王伟：非常感谢！

小国：非常感谢！

（在清水寺）

小国：这里地处京都的东部。这里叫作音羽山。京都最古老的、有名的寺庙清水寺就在音羽山的半山腰。

王伟：我听说过清水寺。现在它早已被列入了世界文化遗产。

小国：是的。面前的那座高塔叫作三重塔，这个也被列入了世界文化遗产。除此之外，作为世界文化遗产的还有很多。

王伟：真厉害啊！

（两个人走了一会儿）

王伟：这个舞台很大啊。这个舞台叫什么名字啊？

小国：叫"清水的舞台"。在这个下面有大量的长度达到12米左右的木柱支撑着这个舞台。从这里眺望到的京都的风景也很特别。

王伟：是的。

小国：寺庙内，来自音羽瀑布的源流分成了三股，各自代表长寿、学业有成、恋爱顺利这三个吉祥的含义。可以向源流许自己的愿望。据说为了能实现自己许的愿望，须从三个源流中选取一个，然后只喝一口这个源流的水。

王伟：是吗？听了这些话，总觉得自己也心情激动起来，想早点去看一下啊。

小国：难得有机会两个人在同一所大学学习，要不要一起祈祷学业有成啊？

王伟：好呀。

（在岚山）

王伟：马上就要到一个叫作岚山的地方。

小国：是的，没错。这里已经到了京都的西郊了。

王伟：岚山有周恩来总理的诗碑。听说有很多中国人为了拜谒这个诗碑，大老远来到这里，是这样吗？

小国：是的，没错。在岚山山脚下有个叫龟田公园的地方，那里有周恩来总理的诗碑。为了纪念中日两国之间缔结的友好条约，由日本的友好团体出资建造了刻有周恩来总理《雨中岚山》诗的诗碑。岚山是京都有名的观光地，具有"京都第一风景秀丽之地"的称号。

王伟：啊，很美的溪流啊！流淌在山旁，水面清澈见底。在溪流之上有座大桥。这里的空气也很新鲜，是个相当美妙的地方。

小国：这个溪流叫作大堰川。那座桥叫作渡月桥。

王伟：很动听的名字啊！啊，那么说来，有一部动画片之前在电视上看过，的确叫作《名侦探柯南剧场版》。这部动画片的副标题叫"唐红的恋歌"。这部动画片的主题歌叫作《渡月桥，想你》，会不会和这座桥有什么关系啊？

小国：可能有吧。

● 解説（かいせつ）

148. お寺

「寺」是佛寺、寺院的意思。「お」为接头词，表示尊敬。「お寺」表示对佛寺、寺院的尊敬。在日语中，接头词「お」和「ご」的使用频率很高，接在其他词之前，可以表示对对方的尊敬，或使普通名词美化，使自己的语言更加高雅。「お」一般用于训读的日语词汇接头词，而「ご」一般用于音读的日语词汇接头词。

例如（表示对对方的尊敬）

お宅/您的家，ご住所/您的住址，お名前/您的姓名，先生のお話/老师讲的话，お手紙/您的信，先生のご出席/老师光临，ご意見/您的意见，ご両親/您的父母，ご家族/您的家属（家庭）

例如（使普通名词美化）

おはよう/早安，ごはん/饭，お茶/茶，おかず/菜，お酒/酒，ご馳走/饭菜（酒席，好饭菜）

149. なかろう

「なかろう」由"形容词「ない」的未然形「なかろ」+助动词「う」"组成。「かろう」形式表示推测。「なかろう」=「ないだろう」，意为"应该没有……吧"。适用于口语中较为正式的场合或书面语表达。

例　出発する前は、既に、旅の計画を作ってありますから、これを元にすれば、迷うことがなかろう。/出发之前，早就做好了旅行攻略了。根据这个攻略，不会迷路的吧。(本文会话)

150. AをBにする

这个句型意为"把A改造成B""以A为B"等。

例1　その教室を閲覧室にした。/把那间教室改造成为阅览室了。

例2　60歳以上の老人を対象にして、アンケートを行った。/以60岁以上的老人为对象进行了问卷调查。

例3　これをきっかけに（して）話を始めた。/以此为契机谈起来了。

例4　これを元にすれば、迷うことがなかろう。/根据这个攻略，不会迷路的吧。(本文会话)

151. に任せる

「に任せる」接名词之后，意为"委托""托付""任凭"等。

例1　仕事を友たちに任せる。/将工作委托给朋友。

例2　他人の判断に任せる。/任由他人去判断。

例3　天命に任せる。/听天由命。

例4　僕は、京都は、初めてですから、右も左もわかりませんので、すべて小国さんに任せるしかないんで、申し訳ないですね。/我是第一次来京都。初来乍到的，只能全托付给小国了，不好意思啊。(本文会话)

152. といい

「と」为格助词，「いい」为形容词，意为"好""行""可以"，「といい」意为"最好（是）……""可以……""（如果）……就好"等。其中的「いい」可以用「よい」「よろしい」替换。

例1　もしわからなかったら、専門家に諮問するといいです。/如果不明白的话，

可以向专家咨询。

　　例2　食べ過ぎによる太りすぎが健康悪化の原因ともなる。太りを削るために、適当に運動量を増やすといいです。/因过量饮食引起的过分肥胖也会成为健康杀手。为了减肥，最好能适当地增加运动量。

　　例3　日が暮れる前に、旅館につくといいんだけど。/在太阳下山之前如果能到旅馆就好了。（本文会话）

153. たことがある

　　「た」是过去助动词，接在动词连用形之后，表示过去或完了。「（动词连用形）たことがある」意为"曾经……""曾经……过""……过"等。

　　例1　私は基礎的な日本語の知識を勉強したことがあります。/我学习过基础的日语知识。

　　例2　彼は日本へ観光に行ったことがあります。/他曾经去日本观光过。

　　例3　前テレビで見たことがある。/之前在电视上看过。（本文会话）

二十六、求職（求职）

単語（たんご）	中文释义
求職（きゅうしょく）（名・サ自）	求职，找工作
ここ（代）	这里；最近，目前
振り返る（ふりかえる）（下一他）	回顾
就職（しゅうしょく）（名・サ自）	就职，就业；找工作
色々（いろいろ）（名・形动）	各种各样，各色各样
求人（きゅうじん）（名・サ他）	招人，雇人
就職活動（しゅうしょくかつどう）（名）	就职，就业，找工作
尋ねる（たずねる）（下一他）	问，打听
役立てる（やくだてる）（下一他）	（供）使用，使……有用
大助かり（おおだすかり）（名・形动）	帮了大忙；非常省事
お互い（おたがい）（名）	互相，彼此
助け合う（たすけあう）（五自）	互相帮助
僕（ぼく）（代）	（男子对同辈及晚辈的自称）我
ベテラン（名）	老手，老练者
パーフォーマンス（名）	表演；表现；演技
面接官（めんせつかん）（名）	面试官
納得（なっとく）（名・サ自他）	理解，领会，认可
台無し（だいなし）（名）	垮台；不能使用
恐れ（おそれ）（名）	害怕，惧怕，恐惧
リラックス（名・サ自）	放松，松弛；轻松
当社（とうしゃ）（名）	本公司，我公司
貴社（きしゃ）（名）	贵公司
マッチング（名）	匹配
作り出す・創り出す（つくりだす）（五他）	创造；制作；开始做

単語（たんご）	中文释义
マーケティング（名）	市场学，销售学，营销，销售
ウェブ（名）	网络
ウェブマーケティング（名）	网络营销
メディア（名）	媒体
ウェブメディア（名）	网络媒体
出稿（しゅっこう）（名）	（向印刷厂等）投出原稿；（在媒体上）登载广告
格段（かくだん）（副）	非常，格外
売上（うりあげ）（名）	销售额，营业额
伸ばす（のばす）（五他）	伸展；发展；扩大；增加
ビッグデータ（名）	大数据
響く（ひびく）（五自）	反响，影响
消費者（しょうひしゃ）（名）	消费者
最大限（さいだいげん）（名）	最大限度
傾ける（かたむける）（下一他）	使……倾斜，倾注
志望（しぼう）（名・サ他）	志愿

会話（かいわ）

（王さんは韓国から来日している留学生の金亮と、日本語で卒業後の就職活動のことについて、話し合っています）

金亮：王さん、あと一年立てば、卒業だね。

王偉：はい、そうだね。ここ三年を振り返ってみれば、色々、苦労したり悩んだりしていたものですね。

金亮：今日、学校の就職相談室に行ってきた。実は、もう、日本で就職することに決めたんだ。そこで、相談に乗っていただいた教務室の先生に、色々な会社の求人情報や就職説明会の情報をいただいた。就職活動への疑問や悩みなどをそこで尋ねて、少し安心できた。就職情報が載っている雑誌などを今日持って帰ってきた。これらはもしかしたら、王さんの就職活動にも役立てるかも。

王偉：それは、どうも、ちょうど、私も今、就職のことについて考え始めたところな

んだ。どこからそのような情報が獲得できるのか考えているところだ。金さんが今話してくれた話で大助かりました。明日、自分も学校の相談室へ行って、詳しく聞いておきたいと思う。

金亮：よかったですね。もし二人共日本で就職できたら、今後、お互いに助け合うのにも都合がいいと思うんだ。

王偉：それは確かだ。

(就職説明会で)

王偉：金さん、あと15分で、就職説明会が始まるんだ。緊張してるかな。

金亮：別に、就職説明会は僕が既に三回経験してきたんだもん、もうベテランだ。王さんは今日、初めてかな。

王偉：うん、実は、僕、就職説明会は初めてで、後は自分のパーフォーマンスを面接官に納得してもらえるかどうか、ちょっと、心配だ。

金亮：心配してることが分かってる。しかし、落ち着いてやらなきゃ、パーフォーマンスがよくないどころか、結果として台無しになってしまう恐れもある。周りの雰囲気に影響されないで、もっと、リラックスして、リラックス。

王偉：分かった。

(広告会社の面接で)

王偉：王偉と申します。よろしくお願いします。

面接官：当社を希望された理由は何ですか。

王偉：企業と消費者両方の立場になって考える貴社において、広告を通じて企業と消費者との緊密な関係を築きたいからです。学生時代から、既にマーケティングに興味があり、大学時代はある広告会社でアルバイトの機会ができて、そこで一年ほどウェブマーケティング及びウェブメディアの作成を担当しました。広告の出稿表現とメディアのデザインを変えただけで、好評率が格段にあがり、売上を二倍に伸ばす事ができました。広告業界の中でも、貴社はビッグデータを活用し、『生活者に最も響く広告』を追求しておられます。貴社に採用されるなら、豊富なデータを活かし、消費者に最も響く広告を追求していけるのではないかと感じ、貴社を希望しております。

面接官：当社に入社したらどんな仕事がしたいですか。

王偉：自分の経験を生かし、企業と消費者の間で最大限に深い関係を結んでいけたらと思っています。単にマーケティングや広告の作成を担当するだけではなく、

常に消費者の声に耳を傾け、積極的にそれをデータ化して分析し、同時に、それを元に、企業にも豊かな広告提案を提供して行きたいと思います。

面接官：他にどこの会社を受けていますか。

王偉：何社か受けていますが、御社の企業と消費者両方の立場に立った広告作り、マーケティングサービスに魅力を感じていますので、御社が第一志望です。

会 话

（小王和韩国来日留学生金亮在用日语交流毕业后找工作的事情）

金亮：小王，再过一年就要毕业了吧。

王伟：嗯，是啊。回顾一下这三年，我曾经为了许多事情操劳和烦恼。

金亮：我今天去了学校的就业咨询室了。实际上我已决定在日本就业了。我从参与咨询的教务室的老师那里得到了各种各样的公司招聘广告和就业说明会的信息。在那里我咨询了对求职的疑问和烦恼等，有少许放心了。我今天把载有这些就业信息的杂志等带回来了。小王求职，这些说不定也能帮上忙呢。

王伟：那真是太感谢了！正好我现在也开始考虑求职的事情。正在考虑从哪里才能获得这样的信息。小金刚才说的这些话可帮了我的大忙了。明天我也想去学校的咨询室问个清楚。

金亮：真好啊。如果两个人都能在日本就业的话，今后互相也能有个照应。

王伟：的确。

（在就业说明会上）

王伟：小金，再过15分钟，就业说明会就要开始了，你紧张吗？

金亮：我没什么好紧张的。就业说明会我早已经历了三次了，所以我已经是老手了。小王今天是第一次吗？

王伟：是的。实际上我是第一次参加就业说明会，有点担心接下来能否让面试官认同我的表现。

金亮：我知道你在担心。但是如果不镇定应对的话，不仅表现会不佳，最后还可能会搞砸。不要被周围的气氛所影响，再放松点，放松点。

王伟：知道了。

（在广告公司面试）

王伟：我叫王伟，请多多关照。

面试官：您选择我们公司的理由是什么呢？

王伟：贵公司是为了企业和消费者双方的利益考虑的公司。我想在贵公司通过广告建立企业和消费者之间的紧密关系。我从学生时代开始，就早已对市场有兴趣了。大学时期有机会在一家广告公司打工，在那里我承担了一年左右的网络营销及网页媒体制作工作。仅通过改变广告的投稿样式和媒体的设计，使得好评率显著提升，销售额扩大至两倍。在广告业界，贵公司运用大数据，追求"最能引起生活者反响的广告"。如果能在贵公司工作，我觉得我应该可以运用丰富的数据追求最能引起用户反响的广告，所以我选择贵公司。

面试官：如果进入我公司工作，您想从事什么样的工作呢？

王伟：我想运用自己的经验，能够最大程度地让企业和消费者之间建立深厚的关系。不仅仅是单纯地承担营销和广告制作工作，我还想经常地倾听消费者的心声，积极地把这些数据化之后加以分析，同时以此为基础，也为企业提供丰富的广告提案。

面试官：其他还有在投的公司吗？

王伟：投了几家公司。但贵公司的广告制作、营销服务是为企业和消费者双方着想的。我感觉很有魅力。所以贵公司是我的第一志愿。

● 解説（かいせつ）

154. 相談に乗る

此处，「乗る」意为"参加，加入"。「相談に乗る」意为"参加咨询，参加商谈"。

例　実は、もう、日本で就職することにきめたんだ。そこで、相談に乗っていただいた教務室の先生に、色々な会社の求人情報や就職説明会の情報をいただいた。／实际上我已决定在日本就业了。我从参与咨询的教务室的老师那里得到了各种各样的公司招聘广告和就业说明会的信息。（本文会话）

155. 接尾词「ら」

接尾词「ら」接在有关人的名词或指示代名词后表示复数。

例　ぼくら／我们；われら／我们，我等；私ら／我们；お前ら／你们，你等；彼ら／他们；子供ら／孩子们；これら／这些

156. だもん（だもの）

「だもの」「ですもの」是在断定助动词「だ」「です」后面接续表示理由、原因的接续助词「もの」而形成的句型，起到一种解释性的作用，和「だから」「ですから」意思相同，但是不像「だから」「ですから」那样单纯叙述原因和理由，还包含了征求对方同意、祈求原谅、期待满足某种要求的意思，带有一种撒娇的语气。

例1　子供だもん、ちょっと傷(きず)づくと、すぐ泣(な)きだすよ。/毕竟是孩子嘛，稍微受点伤，他们立刻就会哭出来。

例2　就職説明会は僕が既に三回経験してきたんだもん、もうベテランだ。/就业说明会我早已经历了三次了，所以我已经是老手了。（本文会话）

157. どころか

「どころか」是接续助词，接在体言、形容动词词干、形容词及动词连体形后，构成连用修饰语，否定前项，强调后项，重点在后项，或者事情出乎听者原来的意料。后续内容可以是积极的，也可以是消极的。意为"不但不（没有）……反而……""别说……甚至连……""岂止……也……"等。

例1　王さんは日本語どころか、英語もできる。/小王岂止会日语，还会英语。

例2　彼は貯金(ちょきん)どころか基本的(きほんてき)な生活にも困(こま)っている。/他别说储蓄，甚至连基本的生活也困难。

例3　彼はやさしいどころか、鬼(おに)のような人だ。/他不但不亲切，反而是一个冷酷无情的人。

例4　心配してることが分かってる。しかし、落ち着いてやらなきゃ、パフォーマンスがよくないどころか、結果として台無しになってしまう恐れもある。/我知道你在担心。但是如果不镇定应对的话，不仅表现会不佳，最后还可能会搞砸。（本文会话）

158. 恐れがある

接用言连体形或者"名词+の"之后，表示担心会发生不好的事情，相当于汉语的"恐怕会……""有……的可能""有……的危险"的意思。

例1　明日は大雨(おおあめ)の恐れがある。/明天可能会下大雨。

例2　今すぐ、手術を行わなければ、この病人は死(し)ぬ恐れがある。/如果现在不立即进行手术，这个病人有可能会死。

例3　心配してることが分かってる。しかし、落ち着いてやらなきゃ、パフォ

ーマンスがよくないどころか、結果として台無しになってしまう恐れもある。/我知道你在担心。但是如果不镇定应对的话，不仅表现会不佳，最后还可能会搞砸。（本文会话）

159. 単に…だけではない

「単に」是副词，意为"仅""只""单"，与「だけではない」相呼应，意为"不仅仅是……""不只是……""不单纯是……"。

例1　彼は単に字がきれいなだけではなく、文章も上手だ。/他不只是字写得好，文章也写得漂亮。

例2　単にマーケティングや広告の作成を担当するだけではなく、常に消費者の声に耳を傾け、積極的にそれをデータ化して分析し、同時に、それを元に、企業にも豊かな広告提案を提供して行きたいと思います。/不仅仅是单纯地承担营销和广告制作工作，我还想经常地倾听消费者的心声，积极地把这些数据化之后加以分析，同时以此为基础，也为企业提供丰富的广告提案。（本文会话）

160. に耳を傾ける

「傾ける」是他动词，意为"倾注"。「に耳を傾ける」意为"倾听……"。

例1　幹部は大衆の意見に耳を傾けるべきだ。/干部应该倾听群众的意见。

例2　単にマーケティングや広告の作成を担当するだけではなく、常に消費者の声に耳を傾け、積極的にそれをデータ化して分析し、同時に、それを元に、企業にも豊かな広告提案を提供して行きたいと思います。/不仅仅是单纯地承担营销和广告制作工作，我还想经常地倾听消费者的心声，积极地把这些数据化之后加以分析，同时以此为基础，也为企业提供丰富的广告提案。（本文会话）

二十七、病院（医院）

単語（たんご）	中文释义
今朝（けさ）（名）	今晨
頭痛（ずつう）（名）	头痛
微熱（びねつ）（名）	微热，低烧
手足（てあし）（名）	手和脚，手足
時々（ときどき）（副）	时常，常常；有时
痛む（いたむ）（五自）	痛，疼
復唱（ふくしょう）（名・サ他）	复述
キャンセル（名・サ他）	解约；取消；注销
怠い（だるい）（形）	懒散的；发酸的；无力的
目眩（めまい）（名・サ自）	目眩，眩晕，头晕
初診（しょしん）（名）	初诊
カルテ（名）	病历
診察券（しんさつけん）（名）	挂号证
恐らく（おそらく）（副）	恐怕，也许，大概
風邪（かぜ）（名）	感冒
呼吸器科（こきゅうきか）（名）	呼吸器官科，呼吸科
待合室（まちあいしつ）（名）	候诊室；候车室
ナース（名）	护士
脇（わき）（名）	腋，胳肢窝，腋下
挟む（はさむ）（五他）	夹，插
測る（はかる）（五他）	量，测，称
渡す（わたす）（五他）	渡；交，递
診察室（しんさつしつ）（名）	诊察室，门诊室
額（ひたい）（名）	额头
触れる（ふれる）（五自）	碰，触，摸，接触

単語（たんご）	中文释义
喉（のど）（名）	咽喉，嗓子，喉咙
乾く（かわく）（五自）	渴
咳（せき）（名）	咳嗽
嘔吐（おうと）（名・サ他）	呕吐
舌（した）（名）	舌，舌头
黄色（きいろ）（名）	黄色
目（め）（名）	眼，眼睛
処方箋（しょほうせん）（名）	处方，处方笺
薬局（やっきょく）（名）	医院的药局，药房
薬（くすり）（名）	药

会話（かいわ）

（電話で病院を予約する）

王偉：すみません。×××病院でしょうか。

受付：はい、そうです。何か御用でしょうか。

王偉：今朝からちょっと頭痛がして、微熱があります。手足も時々痛みます。ちょっと先生に診てもらいたいと思います。

受付：はい、うちの病院は、予約制ですけど、ご予約は、ありますでしょうか。

王偉：まだ予約しておりませんが、今から、ご予約できますか。

受付：はい、いいですよ。では、お名前、ご年齢、連絡方法とご来院可能な時間帯をお教えいただけないでしょうか。

王偉：はい、王偉と申します。今年は27歳です。携帯の番号は、09060598041です。今朝の9時から10時までの間に参りたいと思います。

受付：はい、分かりました。では、復唱しますので、王偉様、ご年齢は27歳で、連絡方法は携帯電話で、番号は09060598041で、よろしいですか。

王偉：はい、間違いないです。では、よろしくお願いします。

受付：はい、分かりました。では、9時から10時までのご来院をお待ちしております。ちなみに、ご予約の時間にご来院できない場合は、事前にキャンセルのお電話をいただくようお願いします。

王偉：はい、分かりました。

(病院の受付で)
王偉：すみません。ちょっと、熱が出ていまして、全身が怠くて、時々目眩がします。ちょっと診査を受けたいんです。
受付：ご予約の方でしょうか。
王偉：はい、予約しています。
受付：では、お名前と連絡方法を伺ってもいいですか。
王偉：はい、王偉と申します。携帯電話の番号は、09060598041です。
受付：あ、はい、個人情報は合っています。では、健康保険証は持ってきましたか。
王偉：はい、国民健康保険証を持ってきました。
受付：はい、では、この病院は初めてですか。
王偉：はい、初めてです。
受付：そうですか。うちの病院は、初診の方の場合、初診費を支払う必要があります。それと、カルテも作っておく必要があります。よろしいでしょうか。
王偉：はい、では、お願いします。
受付：はい、では、少々お待ちください。
(暫くたってから)
受付：はい、カルテができました。これです。これは、診察券です。今、そちらが仰(おっしゃ)った状況では、恐らく、風邪を引いたためかと思いますので、先ず、診察券とカルテを持って、そこのエレベーターで二階に上がって、呼吸器科に行っていただき、カルテを提出してください。そこには、待合室がありますから、お名前を呼ばれるまで、待合室のほうでお待ちいただくようお願いします。
王偉：はい、分かりました。

(二階の待合室で)
ナース：王偉様ですね。先ず、この体温計を脇の下に挟んでください。体温を測りますから。一分経ったら、体温計を取り出してください。こちらが体温を確認します。
(一分後)
ナース：はい、一分経ちました。体温計を取り出して、渡してください。
王偉：はい。
ナース：37.5度。ちょっと熱が高いですね。今、前の患者(かんじゃ)が診断を受けています。

ここで、暫くお待ちになってください。名前を呼ばれましたら、診察室のほうに来てください。

王偉：はい、分かりました。

(暫くたって、名前を呼ばれました)
(診察室で)

医者：はい、王偉様ですね、どこの具合が良くないんですか。
王偉：今朝から、ちょっと目眩がして、起きて立ってみたら、全身が怠くて、そこで、額（ひたい）に触れてみたんですが、微熱（びねつ）があるようで、喉も乾いています。
医者：そうですか。咳が出ますかね。
王偉：出ていないです。
医者：嘔吐（おうと）とかは？
王偉：ないです。
医者：はい、それでは、口を大きくあけて、あーとしてみてください。そうしたら、口が開いたままでお願いします。
王偉：はい。あー。
医者：はい、結構です。舌の色はちょっと黄色ばんでいますね。炎症（えんしょう）が出ていますね。それと、目を見てみますからね。目を開（ひら）いたままで、こちらのランプに向けてください。
王偉：はい。
医者：はい、大体の状況が分かりました。やはり、風邪ですね。でも、そんなに重い風邪ではないですよ。今から、薬を出しますから。処方（しょほう）をカルテに書きますので、ちょっと待ってくださいね。
王偉：はい。
医者：はい、この処方箋で一階の薬局で薬をもらってください。
王偉：はい、分かりました。どうもありがとうございました。
医者：では、お大事に。

会 话

(通过电话预约医院)

王伟：您好，请问是×××医院吗？
前台：是的，这里是×××医院。请问有什么能帮到您的？

王 伟：今早开始有点头疼，有些微热。手脚有时也会疼痛。我想请医生看一下。
前 台：我们医院是预约制的，您有预约吗？
王 伟：还没有预约，可以现在预约吗？
前 台：可以的。那您能告诉我一下您的姓名、年龄、联系方式和能够来医院的时间段吗？
王 伟：可以的。我叫王伟。今年 27 岁。手机号码是 09060598041。我想今天早上的 9 点到 10 点之间过来一下。
前 台：好的，明白了。那我重复一下，王伟，年龄 27 岁，联系方式是手机，号码是 09060598041。这样可以吗？
王 伟：可以的。还请多多关照。
前 台：好的，明白了。那 9 点到 10 点之间等待您来医院。顺便说一下，在预约时间内无法来医院的情况下，请预先通过电话取消。
王 伟：好的，明白了。

（在医院前台）
王 伟：您好。有点发烧，全身无力，有时还头晕。我想看诊。
前 台：您有预约吗？
王 伟：有的，我已经预约过了。
前 台：那能问一下您的姓名和联系方式吗？
王 伟：好的，我叫王伟。手机号码是 09060598041。
前 台：啊，好的，个人信息正确。那您的健康保险证带来了吗？
王 伟：带来了。
前 台：好的，您是第一次来这个医院吗？
王 伟：是的，第一次。
前 台：是嘛。我们医院初诊的病人要支付初诊费的。然后，还需要预先制作病历卡，您可以接受吗？
王 伟：可以的，那拜托您了。
前 台：好的，请您稍等。

（过了一会儿）
前 台：您好，病历卡做好了。是这个。这个是挂号证。刚才听您所说的情况，恐怕是感冒了。首先，您拿着挂号证和病历卡乘坐那边的电梯去二楼，然后去呼吸科。那里有候诊室，请在叫到名字之前在候诊室等待。
王 伟：好的，明白了。

（在二楼的候诊室）

护士：您是王伟先生吧。首先，请把这个体温计夹在腋下。我们要测一下体温。1 分钟过后，请取出体温计，我来确认体温。

（1 分钟以后）

护士：好了，1 分钟到了。请取出体温计交给我。

王伟：好的。

护士：37.5 度，有点发烧啊。现在前一个病人正在看病。请在这里等待片刻。如果被叫到名字了，请到门诊室。

王伟：好的，知道了。

（过了一会儿，被叫到名字了）

（在门诊室）

医生：您好，您是王伟吧。有哪里不舒服吗？

王伟：今早开始有点头晕，起床后试着站立了一下，全身无力，我摸了一下额头，微热，喉咙也很干燥。

医生：是嘛。咳嗽吗？

王伟：没有。

医生：有呕吐什么的吗？

王伟：没有。

医生：好的，接下来请张大口，请试着做"啊"的口形。然后请保持张口的状态。

王伟：好的。啊。

医生：好的。可以了。舌头的颜色有点发黄呀。有炎症。之后，我看一下眼睛。请保持睁眼的状态看这边的灯。

王伟：好的。

医生：好的，大体的情况了解了。没错，是感冒，但也不是很严重。我现在给你开药。我把处方写在病历卡上，您稍微等一下。

王伟：好的。

医生：好了，请拿着这个处方在一楼的取药处取药。

王伟：好的，明白了。非常感谢！

医生：还请多保重身体。

● 解説（かいせつ）

161. お（ご）…いただけないでしょうか

「お（ご）…いただけないでしょうか」是作为日语敬语的自谦语的表达形式。「お（ご）」是接头语。通常采用""「お」+动词连用形+「いただけないでしょうか」""「ご」+サ变动词词干+「いただけないでしょうか」"的形式，表示"能不能请您……？""能恳请您……吗？""是否能承蒙您……吗？"之意。「お（ご）…いただけないでしょうか」由「お（ご）…いただく」转变而来。自谦程度、向对方表示敬重的程度如下：「お（ご）…いただく」＜「お（ご）…いただけますか」＜「お（ご）…いただけないでしょうか」

例1　先生にお教えいただく。/承蒙先生指教。

例2　ご協力いただきまして、本当にありがとうございました。/得到您的协助，由衷感谢！

例3　ご参加いただけますか。/可以请您参加吗？

例4　ご参加いただけないでしょうか。/不知能否请您赏光？

例5　では、お名前、ご年齢、連絡方法とご来院可能な時間帯をお教えいただけないでしょうか。/那您能告诉我一下您的姓名、年龄、联系方式和能够来医院的时间段吗？（本文会话）

162. 合っている

「合う」是五段自动词，意为"适合""合适""符合""一致""准确""协调"等意思。「いる」为补助动词，上一段活用动词。「合っている」表示"符合""一致"等动作持续存在的状态。

例1　今回の調べの結果は噂（うわさ）と合っています。/这次调查结果和传言一致。

例2　彼と私とは意見が合っています。/他和我的意见一致。

例3　個人情報は合っています。/个人信息正确。（本文会话）

163. 風邪を引く

「風邪」是名词，意为"伤风""感冒"。「引く」是五段他动词，有很多意思，在此处是"进入体内"之意。「風邪を引く」是固定词组，意为"感冒"。

例　恐らく、風邪を引いたためかと思います。/恐怕是感冒了。（本文会话）

164. お待ちになってください

「お（ご）…になってください」是一种敬语形式，敬他程度很高，用于说话人对尊长者的行为表示敬意。「お」通常后接动词连用形，「ご」通常后接サ变动词词干。

以动词「待つ」（等待）为例，「待ってくれる」意为"等待我（我们）"，而「待ってください」是「待ってくれる」较为敬他的说法，意为"请等待我（我们）"，「お待ちください」敬他程度更高，而「お待ちになってください」还要高。以「待つ」为例，敬他程度由低到高如下：待ってくれる＜待ってください＜お待ちください＜お待ちになってください。

以サ变动词「洗浄する」为例，敬他程度由低到高如下：洗浄してくれる＜洗浄してください＜ご洗浄ください＜ご洗浄になってください。

但「電話する」这样的サ变动词的词干比较特殊，是不能直接用于「お〜になってください」这种形式的。

電話する → お電話になってください ×

電話する → 電話をかける → お電話をおかけになってください

165. そうしたら

「そう」是副词，意为"那样"。「し」是他动词「する」的连用形。「たら」是过去助动词「た」的假定形。「そうしたら」表示"那样的话，……""于是，……""这样，……""这样一来，……"等意思。「そうすると」也表示类似意思。二者有时可互换，但有时不可互换。「そうしたら」和「そうすると」类似，均可表示假定前面的情况而发生其后的情况；也可表示以前面所述情况为契机，其后发生偶然或意外的情况。在这样的情况下，二者可互换。但「そうしたら」后面可接说话人意志的表达，而「そうすると」后面不可接说话人意志的表达。在这样的情况下，二者不可互换。

例1　窓をあけた。そうしたら、新鮮な空気が部屋の中に入った。/我打开了窗户，这样一来，新鲜的空气进入了房间。

例2　窓をあけた。そうすると、新鮮な空気が部屋の中に入った。/我打开了窗户，这样一来，新鲜的空气进入了房间。

例3　出かけたところだ。そうしたら、客が来た。/刚刚出门，结果来了客人。

例4　出かけたところだ。そうすると、客が来た。/刚刚出门，结果来了客人。

例1和例2，表示假定前面的情况而发生其后的情况，可互换表达。

例3和例4，表示以前面所述情况为契机，其后发生意外的情况，可互换表达。

例　多い賞金を得た。そうしたら、君は如何その賞金を消費するつもりです

か。/（你）获得很多奖金，这样一来，你打算怎样消费奖金呢？

因「そうしたら」后面接说话人意志的表达，故不可用「そうすると」。

例　それでは、口を大きくあけて、あーとしてみてください。そうしたら、口が開いたままでお願いします。/接下来请张大口，请试着做"啊"的口形。然后请保持张口的状态。（本文会话）

166. ばむ

接尾词，五段型自动词，多接在名词后，表示"微有……""带有……"。

例1　赤ばむ/微带红色

例2　汗ばむ/微微出汗

例3　舌の色はちょっと黄色ばんでいますね。/舌头的颜色有点发黄呀。（本文会话）

二十八、帰国前の手続き（回国前的手续）

単語（たんご）	中文释义
不動産（ふどうさん）（名）	不动产
不動産屋（ふどうさんや）（名）	房产中介
解約（かいやく）（名・サ他）	解除合同
済ます（すます）（五他）	做完，办完
サイン（名・サ自他）	签字
送り返す（おくりかえす）（五他）	寄回；送回；退回
封筒（ふうとう）（名）	信封
レターパック（名）	信函包
返送（へんそう）（名・サ他）	寄回；送回；退回
切手（きって）（名）	邮票
査定（さてい）（名・サ他）	评定；查定，审定，核定
日付（ひづけ）（名）	日期
退室日（たいしつび）（名）	退房日
およそ（副）	大约，大概
取消（とりけし）（名）	取消
手数（てすう）（名）	费事，费心，麻烦
該当（がいとう）（名・サ自）	相当，相应
リサイクル（名・サ他）	废物利用，循环处理
ごみ（名）	垃圾
処分（しょぶん）（名・サ他）	处理，处置
勝手（かって）（形动）	任意，随便
頼む（たのむ）（五他）	托；求
訪ねる（たずねる）（下一他）	访问

会話（かいわ）

(不動産屋との連絡中)

王偉：すみません。王と申します。いつも、お世話になっております。

不動産屋：あ、いつも、お世話になっております。どんなご用件でしょうか。

王偉：実は今年の9月30日に帰国する予定になっております。今まで本当にお世話になりました。感謝を申し上げます。今はまだ7月ですが、予めに、解約の手続きを済ましたいと思って、ご連絡しました。

不動産屋：はい、分かりました。今日解約書をお送りしますので、解約書が届くまでは、暫くお待ちください。また、解約書には、保証人のサインと印影が必要となっております。王さんは学校が保証人のようですね。そうでしたら、学校にこの解約書を提出する必要があると思います。サインと印影をもらった後、もう一度本社宛に送り返していただければと思います。送り返していただく際に使う封筒は、のちほど、こちらが送ります。今回は、解約書と返送用の封筒を一つの大きなレターパックにまとめいれてお送りさせていただきます。レターパックが届いたら、その中の封筒での返送をお願いします。ただ、返送の際の切手に関しては、ご自分で用意してください。よろしくご了承ください。

王偉：はい、分かりました。それともう一点ですが、退室する時、鍵を渡したいのですが、どうすれば宜しいでしょうか。

不動産屋：あ、鍵ですね。それは、解約書の最後にお客様が借りている物件に対して、査定してくれる会社の連絡先が書いてあります。その連絡先に一度連絡をいただいて、査定してもらう日付、即ち、退室日をそちらときめてください。査定当日に査定会社の人が直接来てくれます。その人が部屋をチェックした後に鍵をそちらにお渡しください。査定の時間はおよそ20分程度です。

王偉：なるほど、分かりました。ご説明どうもありがとうございました。

(国民健康保険の取消)

王偉：すみません。王と申します。いつも、お世話になっております。

区役所：はい、いつも、お世話になっております。どのようなご用件でしょうか。

王偉：実は、今年の9月30日に帰国する予定になっておりますが、国民健康保険の取消をお願いしたいのですが。

区役所：はい、分かりました。では、担当に代わりますので、電話を切らずに、少々お待ちくださいませ。

国民健康保健の担当：はい、お電話を代わりました。国民健康保険の担当、佐藤と申します。今回はご帰国のため、国民健康保険を取消したいということですね。

王偉：はい、そうです。

国民健康保健の担当：はい。では、こちらに登録されたご住所と生年月日、携帯の番号を教えていただけないでしょうか。

王偉：はい。名古屋市昭和区八事富士見1600 長谷川荘199号室。誕生日は1980年の1月17日です。携帯の番号は09060598041です。

国民健康保健の担当：はい、結構でございます。それでは、ちょっと未支払の保険料を清算いたしますので、電話を切らずに、そのままお待ちください。

王偉：はい。

国民健康保健の担当：もしもし。

王偉：はい。もしもし。

国民健康保健の担当：6月から9月までの分としては後、6 400円の保険料が必要です。これはどうされますか。一回で支払いますか。

王偉：ええ、そうしたいと思います。

国民健康保健の担当：分かりました。こちらの窓口に来ていただくか、または、こちらのスタッフが直接お宅にお訪ねして、保険料をいただくという形でもできますが、どうされますか。

王偉：ええと、今回はお手数ですが、やっぱりそちらのスタッフに来ていただくようにお願いしたいのです。

国民健康保健の担当：分かりました。いつごろのご都合がよろしいのでしょうか。

王偉：今日の午後ずっと空いていますので、今日の午後でお願いします。

国民健康保健の担当：分かりました。では、今日の午後3時ぐらいにお邪魔いたしますので、ご在宅のほうをお願い申し上げます。また、その場で清算した後に、保険証の回収をさせていただきます。

王偉：分かりました。また、よろしくお願いします。

(ガス会社との連絡中)

王偉：すみません。王と申します。東邦ガスでしょうか。

東邦ガス：はい、そうです。どのようなご用件でしょうか。

王偉：実は、今年の9月30日に帰国する予定になっておりますが、ガスの解約をお願いしたいんですが、できれば、今年の9月28日にガス停止をお願いしたいと思っております。

東邦ガス：分かりました。それでは、お名前とご住所、携帯の番号を教えていただけませんか。

王偉：はい。王偉と申します。住所は名古屋市昭和区八事富士見1518メゾンド・サージュ105号室です。携帯の番号は、09060598041です。

東邦ガス：はい。結構でございます。9月30日のご帰国で9月28日にガス停止のご希望ですね。かしこまりました。では、9月28日にスタッフがそちらにお伺いしますので、ちなみに、特に、都合が悪いという時間帯はありますでしょうか。

王偉：ありません。

東邦ガス：分かりました。では、その日の午後2時にスタッフが伺いますので、ご在宅のほうをお願い申し上げます。

王偉：分かりました。それともう一点ですが、今までは、毎月の15日に前月のガス代支払い票がこちらに届いているんですけど、9月のガス代の支払いは翌月の15日、つまり10月15日となりますが、こちらは9月30日に帰国のため、10月15日まで日本に住み続けることができません。その支払いは、どうすればいいですか。

東邦ガス：あ、それは、お客様が予めに銀行に十分なお金を入金していただければ、私ども、その時、該当の金額を引き落としさせていただきますので、ご安心ください。

王偉：分かりました。どうもありがとうございました。

（電力会社は同上で、復唱しない）
（インターネット運営会社のコミュファー光との電話中）

王偉：すみません。コミュファー光でしょうか。

コミュファー光：はい。コミュファー光です。どのようなご用件でしょうか。

王偉：王と申します。いつも、お世話になっております。

コミュファー光：いつも、お世話になっております。

王偉：実は、今年の9月30日に帰国する予定となっておりますので、解約をお願いしたいんですが。

コミュファー光：はい、わかりました。では、解約の際にいくつかの注意点がありますので、今から申し上げてもよろしいでしょうか。

王偉：はい。

コミュファー光：まず、設備のご返送ですが、今日電話で申し込まれておおよそ一週間になって設備を返送するための大きい封筒がそちらに届きますので、設備を

その封筒にいれてご返送になるようにお願いいたします。設備を封筒に入れる前に、設備の表面を必ずきれいに拭いてから、封筒に入れるようにご注意をお願い申し上げます。未決済料金が発生した場合は、予め銀行に十分な金額のお金をご入金いただくようお願い申し上げます。後ほどはこちらから引き落としいたしますので、ご安心ください。以上は注意点です。

王偉：はい、そのようにいたしますので、また、よろしくお願いします。

コミュファー光：こちらこそ。今までのご愛顧誠にありがとうございました。

王偉：いいえ、お互いさまです。本当にどうもありがとうございました。

(粗大ごみリサイクルの会社との連絡)

王偉：すみません、×××リサイクル株式会社ですか。

リサイクル会社：はい、×××リサイクル株式会社です。どのようなご用件でしょうか。

王偉：私は王偉と申します。留学生です。実は、あと一週間で帰国する予定なんですが、今、自分が借りているアパートに粗大ごみが何件かあり、処分に困っています。粗大ごみは勝手に捨てれば、違法となるので、その処分をリサイクル会社に頼むしかないと思って、貴社にお電話をおかけしました。

リサイクル会社：はい、分かりました。粗大ごみの処分をするためには、まず、一度、実物の確認をしないといけないのですが、リサイクル料金が実物の大きさと重さによって高かったり低かったりします。もし、宜しければ、ご在宅時間を教えていただいて、こちらが一度、お宅にお訪ねして、実物の確認を致します。如何でしょうか。

王偉：はい、分かりました。今週の土曜日の午後2時以降はずっと家に居ますので、もしよろしければ、2時以降でお願いできないかな。

リサイクル会社：はい、分かりました。では、今週の土曜日の午後2時以降、お邪魔いたしますので、よろしくお願いします。

王偉：はい、よろしくお願いします。

会　話

(和房产中介联系中)

王伟：您好，我姓王。一直以来承蒙您的关照。

房产中介：啊，一直承蒙照顾。请问有什么事吗？

王伟：是这样的，我预定今年 9 月 30 日要回国。至今真的承蒙贵公司的照顾了。谢谢你们。现在虽然还是 7 月份，我想预先解决解约手续，这才联系了你们。

房产中介：好的，明白了。今天我们会把解约书寄给您，请您在解约书送达之前暂且等待一下。另外，解约书上需要担保人签字和盖章。小王好像是由学校充当担保人的吧。如果是那样的话，我想有必要把这份解约书提交给学校。在得到签字和盖章之后，请再次返寄给我公司。返寄时使用的信封，之后我们会寄给您。这次我们将解约书和返寄用的信封统一放在一个大信函包里寄送给您。信函包寄到您那里了，请使用邮包中的信封进行返寄。但是关于返寄时的邮票，烦请自己准备，请予以谅解。

王伟：好的，明白了。另外还有一个问题。退房的时候，我想把钥匙交给你们，怎么办才好呢？

房产中介：啊，钥匙啊。是这样的。解约书的最后写有对客户租借中的房产进行评定的公司的联系方式。请您通过这个联系方式和评定公司取得联系。然后和评定公司定好评定日期，也就是退房日。鉴定当天评定公司的人会直接过来。在那个人评定完毕后，请把钥匙交给他。评定时间约 20 分钟。

王伟：原来如此，明白了。非常感谢您的说明。

（取消国民健康保险）

王伟：您好。我姓王。一直以来承蒙您的关照。

区役所：啊，一直承蒙照顾。请问有什么事吗？

王伟：是这样的，我预定 9 月 30 日回国，想麻烦您取消一下国民健康保险。

区役所：好的，明白了。那我把电话换给负责人，请别挂电话，稍等片刻。

国民健康保险负责人：您好，电话换接了。我是国民健康保险的负责人，我叫佐藤。这次是因为要回国想取消国民健康保险的事情吧？

王伟：嗯，是的。

国民健康保险负责人：好的，那能否请您告诉我一下您在我们这里注册的住址和出生年月日、手机号码？

王伟：好的。住址是名古屋市昭和区八事富士见 1600 长谷川庄 199 室。出生年月日是 1980 年 1 月 17 日。手机号是 09060598041。

国民健康保险负责人：好的，可以了。接下来，清算一下未支付的保险费，请别挂电话，稍等片刻。

王伟：好的。

国民健康保险负责人：喂喂。

王伟：喂喂。

国民健康保险负责人：作为从6月到9月的保险费，您还需要交6 400日元。这个您打算怎么支付呢？一次性支付吗？

王伟：是的，我想一次性支付。

国民健康保险负责人：明白了。您来我们这儿的窗口或者由我们工作人员拜访您再收取保险费，两种方式都可以的。您想怎么支付呢？

王伟：嗯，这次就麻烦你们了，还是想麻烦你们工作人员来一下的。

国民健康保险负责人：明白了。您什么时候方便呢？

王伟：今天下午都有空，今天下午麻烦你们来一下吧。

国民健康保险负责人：好的，那今天下午的3点左右我们会去您那里，请保证家中有人。另外，我们会在 当场清算之后，回收保险证的。

王伟：明白了，还请多多关照。

（和煤气公司联系中）

王伟：您好。我姓王。请问是东邦煤气公司吗？

东邦煤气公司：是的，我们是东邦煤气公司。请问有什么能帮到您的？

王伟：是这样的，我预定今年的9月30日回国，我想麻烦你们帮我进行煤气的解约。如果可以的话，想麻烦你们在今年的9月28日停止煤气。

东邦煤气公司：明白了。那能麻烦您告诉我一下您的名字和住址、手机号吗？

王伟：好的。我叫王伟。住址是名古屋市昭和区八事富士见1600 长谷川庄199室。手机号是09060598041。

东邦煤气公司：好的，可以了。您是9月30日回国，希望9月28日停止煤气吧。明白了。那9月28日工作人员会拜访您。顺便问一下，有没有特别不方便的时间段呢？

王伟：没有。

东邦煤气公司：明白了。那当天下午的2点工作人员会上门拜访，请保证有人在家。

王伟：好的。然后还有一个问题。到目前为止，每个月的15号，前一个月的煤气费支付票单就会送到我这里来。9月的煤气费支付是下一个月，也就是10月15日那天支付。我因为9月30日回国，不能在日本一直住到10月15日。因为赶不上那天的支付，我该怎么办才好呢？

东邦煤气公司：啊，遇到这种情况的话，请您预先向银行里存入足够的钱，我们到了那天会扣除相应的金额，所以请您放心。

王伟：明白了。非常感谢！

（电力公司同上，不再复述）

（和因特运营公司光纤通信公司通话中）

王伟：您好，请问是光纤通信公司吗？

光纤通信公司：是的，我们是光纤通信公司。请问有什么可以帮到您？

王伟：我姓王。一直以来承蒙您的关照。

光纤通信公司：一直以来承蒙您的关照。

王伟：是这样的，我预定今年9月30日回国，我想麻烦你们帮我解约。

光纤通信公司：好的，明白了。那解约时有几个注意点，现在能跟您说明一下吗？

王伟：好的。

光纤通信公司：首先是设备的返还。从您今天打电话申请开始，大约过一周时间设备返还用的大信封会送到您那里。请把设备放入信封内进行返还。在把设备放入信封之前，请把设备表面擦干净再放入信封。其次是当产生未付清的费用的时候，请预先向银行存入足够金额的钱。之后我们会扣钱的，所以请放心。以上是注意点。

王伟：好的，我会遵照所说的去做的。还请多多关照。

光纤通信公司：哪里哪里。非常感谢您一直以来的惠顾。

王伟：彼此彼此。真的非常感谢！

（与大件垃圾回收公司进行联系）

王伟：您好，请问是×××回收公司吗？

回收公司：是的，我们是×××回收公司。请问有什么可以帮到您的？

王伟：我叫王伟。是留学生。实际上是这样的，还有一个星期我就要回国了。现在自己借宿的宿舍里有几件大件垃圾，不知道怎么处理。大件垃圾如果随便乱扔，是违法的。我觉得只能拜托回收公司来处理，就给贵公司打了电话。

回收公司：好的，我明白了。大件垃圾的处理需要对实物进行过确认才行。回收费用根据实物的大小和重量或高或低。如果可以的话，烦请告诉我们您在家的时间，我们这边会去贵舍进行一次拜访，然后进行实物的确认，您看可以吗？

王伟：可以的。这周的周六下午2点以后我会一直在家。如果可以的话，2点以后能请你们来看一下吗？

回收公司：可以的。那这周的周六下午2点以后我们会去拜访您，还请您多多关照。

王伟：好的，请您多多关照。

● 解説（かいせつ）

167. ていただければと思います

「ば」是接续助词，接用言的假定形。「いただく」是「もらう」的自谦语，作为补助动词，接"动词连用形＋「て」"而成的「ていただく」是「てもらう」的自谦表达，意思是"请您……""承蒙……"。「ていただければと思います」是「ていただければいいと思います」的省略表达形式，意思是"（我想）如果请您……的话就好"。

例1　急がなくでもいい。この月末にご返金をしていただければと思います。／请不要急。本月月底能还钱就好。

例2　学校にこの解約書を提出する必要があると思います。サインと印影をもらった後、もう一度本社宛(あて)に送り返していただければと思います。／我想有必要把这份解约书提交给学校。在得到签字和盖章之后，请再次返寄给我公司。（本文会话）

168. ず

「ず」是口语中出现的文语的否定助动词。接在动词未然形之后，表示否定。「ず」的中顿形是「ず」，相当于「なくて」。而「ず」后接「に」构成连用修饰语「ずに」，相当于「ないで」。「ず」的终止形是「ず」。

例1　彼は図書館に行かず、教室に行った。／他没去图书馆，而是去了教室。
例2　何も食べずに寝ている。／什么也没吃就睡了。
例3　井(い)の中の蛙(かわず)大海(たいかい)を知らず。／井底之蛙，不识大海。
例4　電話を切らずに、少々お待ちください。／请别挂电话，稍等片刻。（本文会话）

169. としては

「としては」接在体言之后，表示"作为……""以……身份""作为……来说"之意。「としては」中的「は」为副助词，具有提示某词语和加强其意义的作用。而「として」也表示与「としては」类似的意思，但并无提示作用。

例1　会社の代表としては彼が会議に参加する。／他是作为公司代表参加会议。（提示和强调作为公司代表）

例2　彼が会社の代表として会議に参加する。／他作为公司代表参加会议。（无提示和强调作为公司代表）

例3　6月から9月までの分としては後、6 400円の保険料が必要です。／作为从6月到9月的保险费，您还需要交6 400日元。（本文会话）